「心の教育」からの脱却と道徳教育

✳ 「心」から「絆」へ、そして「魂」へ

吉田　武男

学文社

まえがき

「たがいに知りあうということは，たがいにすべてを知っているということではなくて，たがいに愛と信頼をもって，たがいに信じあうということでなければなりません。人は他人の本質のなかにおしいっていこうとしてはなりません。他人を分析することは―精神錯乱者をふたたび正常にもどすためでなければ―下品なしわざです。ただ肉体的な辱しさばかりでなく精神的な辱しさがありますので，私たちはそれを尊重しなければなりません。魂はとりのけることのできないおおいをもっているのです。私たちはこんなに親しいあいだであるから，私は君のあらゆる思いを知る権利があるということはだれ一人許されません。母親でさえわが子にこういう態度にでることは許されないのです。すべてこの種の要求は愚かなことで有害であります。」（シュワイツェル著，波木居斉二訳『私の幼少年時代』新教出版社，1950年）

この言説は，あの有名なシュヴァイツァー（Schweitzer, A.）の自叙伝に記されたものである。この言説を冒頭に警鐘の意味で引用したのは，彼の言う「下品なしわざ」や「愚かなこと」が，最近の我が国の社会全体のみならず，品性や品格を醸成するはずの道徳教育においても，頻繁に行われていることを危惧しているからである。

もう少し詳しく言うと，精神疾患の病名とは別に，「心の闇」，「心の傷」，「心の居場所」，「無意識」，「自己肯定感」，「自己実現」，「自分への気づき」，「自分探し」，「引きこもり」など，「心の言葉」の概念が現代社会の中で溢れている。何しろ，楽しく感じられない，生活にハリがない，というような状態は，「心がカゼ」をひいたときの症状だ，と言われるぐらいである。したがって，最近の書店では，心理学，より正確に言えば科学的な実験系・神経系・認知系などの心理学ではなく，宗教的なものを含め，さまざまな要素を混在させた臨床系の心理学を下敷きにした啓発書が人間形成ないしは人間関係の手引書やマニュアル本として並べられている。その意味では，現在の社会的風潮として，

現実の社会問題が，個々人の心の問題として強く意識されているわけである。つまり，現代の文化的傾向として，個人還元論が社会・情況還元論よりも圧倒的に優勢なのである。それゆえ，生活や社会の問題をよりよい方向に導くために心理学の知識やスキルを無批判に受け入れようとする心理主義の傾向が蔓延してしまうのである。その結果，「心の教育」を推進するというスローガンが叫ばれても，教育関係者の中で賞賛や賛同の声はあっても，異議を唱える声はほとんど起きてこない。

　もちろん，そうした心理主義の傾向は，専門家たちの巧みな「マッチポンプ（火付け役と火消し役）」の宣伝活動によるものだけでなく，個人心理における解決を希求し受容しようとする人々との相互作用によって生じた現象である。その意味で，このような傾向は，物質主義的価値観のもとに社会運動や経済成長に邁進し終わった後遺症の日本社会を特徴づける，個人主義的な一つの現代文化の一側面である。したがって，心理主義の傾向は，企業や学校や家庭のみならず，現在の社会全体に浸透しつつある文化情況なのである。

　しかし，そうであるからと言って，その傾向が現代の日本社会においてそのまま偏重された状態で放置されてよいものではない。なぜなら，現実の社会問題がつねに個人の心の問題としてその解消策を求め続けられるならば，その人間は「感情労働者」として所与の社会への適応に向けたカウンセリングやプログラムのループを歩まされる，というような対症療法的な解決策だけが提示されて終わってしまうからである。そこでは，社会的現象の問題構造を見据えたうえで，共生・共存に根ざした現実社会の改善・改革を求める視点がまったく失われてしまうのである。

　その問題性は，学校教育全体にとっても決して無縁なものではない。つまり，心理主義偏重のもとでは，子どもの問題が個々人の心の問題にすり替えられてしまい，学校教育の矛盾や不合理などの改善・改革を含めた抜本的な現実問題の解決が意識されにくいのである。たとえば，不登校の原因がその子どもにとってテストの成績であったとしたならば，心理主義偏重のもとでは，そのテストの存在を無条件に是認したうえで，子どもの心のあり方が問われても，

「そもそも抑圧的側面を有するテストは子どもにとって必要なのか」,「そのテストは子どもの学力を正しく適切に測定しているのか」,「そのテストで求められる知識は社会で生きていくうえで必要なのか」などという根本的な問いは生じえないのである。したがって，学校教育において，個体還元論的な性格を強くもつ心理主義に過度に依存することは，地道な学校教育の改善の視点を見えなくしてしまう点で，警戒されてしかるべきであろう。

　ところが，現実の学校では，さまざまなところで心理主義の見方や方法が広がり，道徳教育の分野においても，例外ではありえない状況になっている。たとえば，「自己実現」という言葉の道徳化などは，その典型的なものであろう。さらに言えば，文部科学省の編集・発行の『心のノート』も，『道徳のノート』とされなかった点から見ても，その影響を受けている。

　もちろん，心理学，特に臨床心理学の知見と方法は，節度のある使われ方が学校においてなされる限りは，子どもの教育にとって大いに役立つツールとなり得るものである。したがって，その知見や方法は決して全面否定されるべきものではないが，教育の分野，特に道徳教育の分野における過剰依存は警戒されてしかるべきものである。なぜならば，道徳は，現実社会の生活の中で共生・共存していくための規範という側面を有するものであって，各個人の心の中というようなフィクションの世界で完結するものではないからである。つまり，道徳教育は，単に各個人の心の内面化で事足りるものではなく，現実の情況性の中ですべきことを正しく認識し，感じ，そして勇気をもって行動できるように子どもを導くことに他ならないからである。そのような道徳教育の心理主義化の危険性は，今からおよそ50年も前に，日本道徳教育学会や日本倫理学会の会長を務め，特設道徳の中心的な推進者の一人であった勝部真長が，次のように的確に指摘しているのである。

　「……戦後の新教育においても，人は心理主義の考えの中に，その答えを探した。しかし心理学は，人間の心理の事実はかくかくであること，心の葛藤や仕組みを解きほぐして説明してくれるけれども，そこから直ちに『人生いかに生くべきか』や『われら何をなすべきか』は出てこない。いいかえれば，心理

から直ちに倫理は出てこない。『かくある』という心理の事実から，直ちに『かくなすべし』という当為や命令はでてこない」と。

　そこで，これからの新しい道徳教育は，心理主義の呪縛を超えて，個人のフィクションの世界に子どもを没頭させるのではなく，現実社会とつながったかたちで「生きる意味」を子どもに見出させるような働きかけでなければならないであろう。そうでなければ，「いじめは，なぜやってはいけないのか」，「なぜ自殺はいけないのか」，「自分は何のために生きるのか」，「なぜ人に親切にするのか」などというような子どものいわば根源的な問いに対して，道徳教育は解答を見出さないで，その場かぎりのごまかした個人向けの対症療法的解答しか提示し得ないであろう。また，そのことが長く続くならば，まわりの人々や社会との「絆」を断ち切って，自己の内面に閉じこもる「内向き」「下向き」「後ろ向き」な子どもが日本のなかで多量に生み出されてしまう。そのような子どもは，間違いなくメンタル・ケアという「心」の健康・病気産業の餌食になるばかりか，これからの現実のグローバル社会に順応できにくくなるであろう。それでは，間違いなく個人としても退化が進んでしまう。また，少し大げさな言い方になるが，社会全体としても国力が低下し，国家の衰退が訪れるであろう。それだけに，社会機能としての教育の役割と使命において，荒波のグローバルな現実社会の中で「悩み」という病原菌に襲われても免疫力を発揮しながら生きていける，強固な「魂」（スピリット）をもった我が国の子どもを育てるような，新しい日本の道徳教育の構築が待たれるところである。

　このような課題意識から，本書は，過去および現在の道徳教育の理論と実践に対して健全に批判して，そして健全な反省のうえに，未来に向けた健全な道徳教育を再構築するという高い理想を描きながら，基礎的・基本的な内容から斬新な提案までを，わかりやすく提示しようとしたものである。

　なお，本書の後半部には，道徳教育の理論と実践を理解するうえで役に立つ【用語編】と【資料編】が付されている。

　2013年春

著　者

目　次

まえがき　i

第1章　日本の道徳教育はどうなっているのか ―― 1
1．なぜ，道徳教育が叫ばれるのか……………………………… 1
2．道徳教育の現状はどのようなものか………………………… 4

第2章　日本の過去の道徳教育を振り返ってみよう ―― 9
1．明治時代以前の道徳教育……………………………………… 9
2．明治時代前期の道徳教育……………………………………… 13
3．明治時代後期の道徳教育……………………………………… 19
4．大正時代の道徳教育…………………………………………… 22
5．昭和時代初期の道徳教育……………………………………… 24
6．戦後における修身科の廃止と道徳の空白時代……………… 25
7．全面主義道徳教育の時代……………………………………… 28
8．特設道徳の誕生………………………………………………… 30
9．特設道徳の史的展開…………………………………………… 34
10．最近の動向……………………………………………………… 37

第3章　世界の道徳教育を眺めてみよう ―― 41
1．各国の道徳教育の特徴とその背景…………………………… 41
　（1）イギリスの道徳教育　41／（2）ドイツの道徳教育　44
　（3）フランスの道徳教育　45／（4）アメリカの道徳教育　47
　（5）韓国の道徳教育　49／（6）中国の道徳教育　50
2．道徳教育の諸理論とその背景………………………………… 52
　（1）デュルケム　52／（2）フロイト　53／（3）ピアジェ　54

　　　　（4）デューイ　56／（5）ラス，ハーミン，サイモン　57
　　　　（6）コールバーグ　59／（7）リコーナ　61／（8）その他の理論　63

第4章　いまの日本の道徳教育を詳しく眺めてみよう ─────── 67

　1．学校の道徳教育の基準……………………………………………… 67
　2．学校の道徳教育の現況……………………………………………… 70
　3．外国の道徳教育論の導入…………………………………………… 74
　4．心理主義的道徳教育の台頭………………………………………… 78

第5章　未来の日本の道徳教育を展望してみよう ─────────── 89

　1．道徳教育の再構築へのヒント……………………………………… 89
　　　　（1）社会科を中心とした道徳教育　89／（2）NIEによる道徳教育　91／（3）同和教育・人権教育による道徳教育　94／（4）シティズンシップ教育による道徳教育　98
　2．道徳教育の再構築に向けての私的提案…………………………… 100
　　　　（1）道徳の時間の呪縛　100／（2）「心の教育」からの脱却　107
　3．道徳教育の中核としての「日本科」の創設……………………… 112

あとがき　　129

【用語編】　133
【資料編】　137
【索　引】　177

第1章

日本の道徳教育はどうなっているのか

1．なぜ，道徳教育が叫ばれるのか

　近年，バスや電車の中という公共の場所で，ときには大学の授業中ですらも，人目を気にすることもなく携帯電話を使用したり化粧したりするような，公徳心・公共心の低い自己中心的な若者が確実に増えているようである。もちろん，それは若者だけでなく一般の成人にも見られる現象であるが，少なくとも若者の社会道徳が現実に欠如しており，また簡単には改善されないということは，否定できない事実である。実際に，「礼儀正しく」や「素直に」などというような説諭が若者にされても，特にいまの若者の感覚には説諭の内容は白々しく心に響くだけでしかないように思われる。なぜなら，若者にモデルを提供すべき大人自身がすでに至る所でモラルハザードを起こしてしまっており，高度情報化社会の中で若者は十分にそのことを知っているからである。そのうえ，モラルハザードを起こした大人側が謙虚に反省することなく，若者に権威主義的に道徳を強制してしまうと，若者はすばらしい道徳的内容であってもそれを空虚なものとして受け取り，道徳的内容それ自体をこれまで以上に軽蔑するだけである。それでは，とても若者の社会的道徳の改善は望めないであろう。

　また，そのような身近な社会道徳とは別に，近年になって若者が大きな事件を引き起こし，さまざまな青少年犯罪がマスコミで盛んに報道されるようになった。ここ10年近くを少し振り返ってみても，1997年の神戸連続児童殺傷事件，1998年の栃木女性教師殺傷事件，1999年の光市母子殺害事件，2000年の西

鉄バスジャック事件と大分一家6人殺傷事件，2003年長崎男児誘拐殺人事件，2004年の佐世保小6女児同級生殺害事件，2006年の岐阜中2少女殺人事件と奈良母子3人放火殺人事件，2007年の会津若松母親殺害事件と寝屋川コンビニ強盗殺人事件，2008年の八戸母子3人放火殺人事件などが，すぐに思い出されてしまう。最近では，2012年にマスコミで大きく取りあげられた大津中学生自殺事件は，あまりにも鮮烈に記憶に残っているものである。そこでは，「人を殺してはいけない」「人を傷つけてはいけない」などという古くから言い継がれてきた教えすらも，まったく忘却の彼方に消えてしまっているようである。

　こうした道徳のかけらもないような青少年犯罪が，残念ながら日本各地で生じ続けている。しかし，青少年犯罪の件数は，大局的に見ると現在まで減少傾向を示している。たとえば，少年刑法犯検挙人員については，2003年は144,404人であったが，2004年は134,847人，2005年は123,715件，2006年は112,817人，2007年は103,224件，2008年は90,966人，2009年は90,282件，2010年は85,846人となっている。したがって，「少年の犯罪が急増している」かのような言説は，正しいものではない。

　また，それに対して，「最近の少年の凶悪性が問題だ」という質的な指摘もしばしば見られる。しかし，凶悪で残忍な少年の犯罪は，別に最近の特殊現象でもない。たとえば，1941年から翌年にかけて17歳の少年（最後の犯行は当時18歳）が浜松で9人を殺害し，6人に障害を負わせた浜松連続殺人事件，1965年に18歳の少年がライフルで警官を射殺して逃走したあげく，銃砲店で人質を取ってライフル銃を乱射した少年ライフル魔事件などもあり，過去にもその種の凶悪な少年犯罪事件は日本でも起きている。それらの過去の事件を根拠にして，最近になって引き起こされた少年犯罪事件は決して特殊現象ではない，と言うことも可能であるが，確かに最近の事件の中には残忍で普通一般には理解不能な異様さをもっているということも事実である。

　とりわけ，1997年の神戸連続児童殺傷事件は，その代表的なものであろう。それゆえ，今後痛ましい事件が起こらないよう，加害者の動機としての「心の闇」を理解して，道徳性を具えた心の豊かな人間を育成するために，子どもの

心に焦点をあてた「心の教育」が求められるようになった。実際に，その事件の1年後，中央教育審議会は「新しい時代を拓く心を育てるために―次世代を育てる心を失う危機―」という答申を発表し，そこでは，若者の道徳の荒廃が問題視され，「心の教育」の充実や「生きる力」の育成が強調されることになった。さらに，2003年3月の中央教育審議会答申「新しい時代にふさわしい教育基本法と教育振興」の中でも，「豊かな心と健やかな体を備えた人間の育成」が求められたうえで，「豊かな心」に関しては次のような記述がなされている。

「豊かな心をはぐくむことを人格形成の基本として一層重視していく必要がある。社会生活を送る上で人間として持つべき最低限の規範意識を青少年期に確実に身に付けさせるとともに，自律心，誠実さ，勤勉さ，公正さ，責任感，倫理観，感謝や思いやりの心，他者の痛みを理解する優しさ，礼儀，自然を愛する心，美しいものに感動する心，生命を大切にする心，自然や崇高なものに対する畏敬の念などを学び身に付ける教育を実現する必要がある。」

つまり，答申では，「豊かな心」をはぐくむことが人格形成の基本とされ，規範意識とともに正しい心のあり方が強調されている。そこで，「心の教育」というべき道徳教育の必要性が叫ばれるが，そのような教育は，本来的に個人の内面に着目するために，問題行動の現実的背景に目をつむってしまうという大きな欠点を有しているのである。しかし，多くの教師や教育関係者はそのような道徳教育に大きな疑問をもつこともなく，現在までおおむねそれを肯定的に受け入れている。そこには，そのような疑問が意識されないほど，青少年の道徳の荒廃と異様な犯罪，さらには自殺をはじめ，リストカットやオーバードーズの発生が多くの人々の関心事となっているのであろう。

そのような時代状況に加え，あるいはそのような状況を踏まえ，規範意識の低下と自尊心の欠如という問題を克服するために，道徳教育の強化の方針が教育界のみならず，政界においても打ち出されるようになり，現在でもますます道徳教育の議論が盛んになっているのである。

2．道徳教育の現状はどのようなものか

　前述したような経緯を辿ってきたものの，現在でも，一般的に，旧来の道徳教育の方法が教育現場では広く実施されている。すなわち，その方法は，何らかの副読本の資料を利用して，ねらいの道徳的価値を子どもに話し合いの中で導き出そうする，いわゆる「心情把握型」ないしは「副読本活用型」の道徳授業である。

　そうした方法だけには満足できない熱心な人たちは，いくつかの新しい理論を求めようとした。たとえば，アメリカから輸入されたコールバーグの理論や伊藤啓一らの統合的道徳教育論（いくつかの道徳教育論を組み合わせたもの）をはじめ，我が国の文科省の教科調査官が中心となって提唱された理論（たとえば，「構造化方式」や「総合単元的な道徳教育」など），さらには民間の法則化運動の流れを汲んでいる「道徳教育改革集団」の理論などがあげられる。

　そうした中でも，上述したような経緯もあって，内面化のプロセスの重要性を強調する「価値の明確化」理論の導入を大きなきっかけとして，心理主義的な性格を強くもつ道徳教育の理論や方法がかたちを変えながらかなり普及するようになった。また，エンカウンター・グループやスキル・トレーニングなどの心理的技法を道徳学習に導入する発想も，基本的にそれと同じ性格をもつものである。さらに，文科省の発行した『心のノート』も，その名前がいみじくも示すように，心理主義から大きな影響を受けていると言えよう。

　このような全面的ないしは部分的に心理主義の方法を道徳教育に取り入れようとする試みは，旧来の道徳教育の方法から脱却できない教育現場を改善していくためには，ある意味で有意義なものであった。なぜなら，特に道徳教育の理論から見れば，道徳は人間の既成の外郭として与えられるべきものであるとする考え方，すなわち旧来の道徳教育の方法を支えている理論的根拠が，根本的に問い直されることにつながったからである。さらには，それに伴って，子どもの興味・関心などの内面が尊重されたからである。したがって，そのよう

な子どもの心を尊重しようとする試みは，道徳教育においてはもちろんのこと，すべての教育において全面的に否定されるべきものではないであろう。

　しかし，道徳は，語源から言っても社会生活の習慣・習俗などの情況性・関係性と深くつながっているために，その教育の目標は，単に子どもの関心や意識，つまり子どもの心からすべて演繹されるものではない。道徳教育の大きな目標は，結局のところ，自分を取り巻く社会の中で価値への志向をより高めること，さらに言えば，子どもが現実社会でより高い「生きる意味」を見出して，結果的にその社会に貢献しながら生きていけるように指導・援助することにあると考えられる。そのような目標が実現されれば，自己中心性の肥大化や殺人・自殺，さらには「いじめ」や「不登校」などの問題行動もきわめて激減するはずである。そのためにも，子どもの心について知ろうとする試みは，目標へのアプローチの手段としては欠くことのできないものであるが，見方をかえれば，その手段以上のものでは決してないのである。

　したがって，心理主義という一つの方法に無原則に依存した道徳教育は，社会や生活の現実性を断ち切るかたちで，個々人の子どもの心理から演繹された方法に埋没している点で，万能薬のように受け取られてはいけないものである。さらに言えば，そのような道徳教育を哲学的基盤として支える「自己実現」および「人間中心主義」についても，確かに自己決定権を尊重している点で，人類の生み出したすぐれた理念ではあるが，その偏重は，得てして自分自身を最優先し，いわば森羅万象を偏狭な自分自身からの視点でしかとらえようとしない，つまり全体的・俯瞰的な視点から見ようとしない点で，再考されなければならないものである。その際に特に子どもの道徳教育にあっては，心的な個人の欲求が煽られるために，伝統的な文化価値や社会的・生活的規範の習得が軽視されてしまう。したがって，できることなら，社会的・生活的な状況とのかかわりの中で目的としての「生きる意味」を子どもに俯瞰的な視点から見出させるような道徳教育，つまり自分も他者も含めたすべての生きる人のいのちを尊重するような道徳教育が，自殺や「いじめ」や「ニート」などの問題をはじめ，少子化や孤独死という問題を抱える日本の現実社会においてこそ，早急に

模索されなければならないであろう。なぜなら，批判を恐れずに大枠において言えば，たとえば自殺についても，また「いじめ」や「ニート」についても，当事者の視点や思考はつねに自分中心になっているからである。また，少子化の進行についても，個体の限りあるいのちを次世代につないでいくという子育てを，一つの重要な生物的・社会的使命であるとの認識に至らないために，子育ての過程に「生きる意味」「生きがい」を見いだすことなく，自分だけのいのちや暮らしを偏重し，自己中心的な生き方をしようとする個々人の欲望の蔓延が，当事者のみならず，社会全体の不幸を生み出していないだろうか。孤独死の多さについても，人間同士の絆やつながりが全般的に弱体化していないだろうか。そのような意味で言えば，いまこそ，新たな道徳教育の創造が待たれる情況にある。しかし，多くの道徳教育に携わる熱心な人々ほど，残念ながら「自己実現」や「人間中心主義」などに象徴されるユダヤ・キリスト文化圏の世界観，またそこに根づいた理論や技法を無批判に受け入れているのが現状である。

　特に，マズロー（Maslow, A. S.）をはじめ，フロイト（Freud, S.），エリクソン（Erickson, E. H.），ブーバー（Buber, M.），フランクル（Frankl, V. E.）などの人々は不思議なことにすべてユダヤ系であるが，不運な流浪の民族の歴史をもっているだけに，彼らによって導かれた人間観（自己愛やアイデンティティなどの強調）は，人間に対する深い苦悩の思索によるすぐれた学術的成果と言ってよいようなものである。それだけに，我々は，人間の生き方や在り方を考えるうえで，大いに参考になるだけでなく，しばしばその凄さに思わず屈服を余儀なくされがちである。その結果，実際にそれらの考え方を絶対化し，盲信してしまっているようなところが教育現場に見られる。たとえば，マズローのいう「自己実現」という言葉は，日本の学校においてほとんど道徳化されて受け取られ，絶対化されて受け取られている。もちろん，この言葉は人間形成にとって有益な概念ではあるが，あくまでも青少年の成長の過程ではなく，すぐれた老齢者の最終状態を示す概念である，ということが見過ごされがちである。この概念を導き出したマズローは，「自己実現」を果たしたと思われる実在の

人物，たとえばゲーテ（Goethe, J. W. von）やワシントン（Washington, G.）などの分析を通して「自己実現」の特徴を帰納法的に導き出し，過去に現在の姿のイメージを映し出している。したがって，そのような概念をすべての子どもに対して普遍的に唯一の指標として，現在の中に将来の可能性を見ようとすることは，特に宗教的・文化的な背景の異なるうえに個の意識の弱い未熟な日本の子どもたちにとっては，きわめて危うい心理主義的方法になる。その意味でも，欧米諸国の価値観が混在したような概念を無批判に受け入れることは，日本人のアイデンティティの喪失にもつながる点で，きわめて危険である。

特に，日本をはじめ，中国や韓国などのいわゆる東アジア諸国では，全体として，一神教的な宗教的世界観ではなく，何らかの宗教的世界観とともに，モラル的な世界観が脈々と受け継がれてきているために，人間や自然・宇宙に対するとらえ方やかかわり方をはじめ，道徳観や倫理観が欧米や中東諸国などと根本的に異なっていても不思議ではない。それだけに，グローバル化する現代社会にあって，宗教的・文化的に異にする人々の道徳観や倫理観を理解することは大切にしつつも，自分たち固有の価値観も大切にされるべきである。そのことに，日本の多くの教育関係者はあまり意識していない，あるいは気づこうとすらしていないで，諸外国の道徳教育論を絶対化してまねようとする姿勢は，根本的に改められるべきであろう。もちろん，それらを知ろうともしないで，従来の日本のやり方を繰り返す姿勢も，改めなければならないことは言うまでもない。

【主要参考文献】

飯田史彦・吉田武男『スピリチュァリティ教育のすすめ―「生きる意味」を問い「つながり感」を構築する本質的教育とは―』PHP出版，2009年
小沢牧子『心理学は子どもの味方か？―教育の解放へ―』古今社，1992年
小沢牧子『「心の専門家」はいらない』洋泉社，2000年
小沢牧子編『子どもの〈心の危機〉はほんものか？』教育開発研究所，2002年
小沢牧子・長谷川孝編著『心のノートを読み解く』かもがわ出版，2003年
貝塚茂樹監修『道徳教育とは何か（道徳教育講座1）』日本図書センター，2004年

門眞一郎・高岡健・滝川一廣『不登校を解く―三人の精神科医からの提案―』ミネルヴァ書房，1998年
高岡健『人格障害論の虚像―ラベルを貼ること剥がすこと―』雲母書房，2003年
村上和雄・吉田武男・一二三朋子『二一世紀は日本人の出番―震災後の日本を支える君たちへ―』学文社，2011年
吉田武男・中井孝章『カウンセラーは学校を救えるか―「心理主義化する学校」の病理と変革―』昭和堂，2003年
吉田武男・藤田晃之編著『教師をダメにするカウンセリング依存症―学級の子どもを一番よく知っているのは担任だ！―』明治図書，2007年
吉田武男編著『道徳教育の指導法の課題と改善―心理主義からの脱却―』NSK出版，2008年

第2章

日本の過去の道徳教育を振り返ってみよう

1．明治時代以前の道徳教育

　江戸時代の道徳思想を考えるとき，宗教の中でも儒教の影響はきわめて大きかった。その儒教思想は，古くは大宝律令の学制により設立された大学寮や国学において教育として登場していたが，特に江戸時代において多種多様な展開を見せることとなった。そのために，十把一絡げに言えることではないが，あえて大枠において言えば，儒教思想の中でも林羅山を創始とする朱子学系のものと中江藤樹や熊沢蕃山らの陽明学系のものが，広く普及していたと言えるであろう。

　それらの思想の大きな差異としては，朱子学系のものは現実を肯定する保守的な傾向をもっていたのに対し，陽明学系のものは現実を批判し社会を改善しようとする傾向をもっていたために，朱子学が江戸幕府や各藩（たとえば，「ならぬことはならぬものです」という言葉で有名な「什の掟」の会津藩など）によって保護奨励されることになった。つまり，上下関係の秩序が求められた封建社会において，朱子学は臣下の忠誠義務を強く求めるために，有効な支配倫理の役割を担うことになったのである。とりわけ「義」の考え方は，君は君として，臣は臣として本分をつくすという主従関係の意味から転じて，我が国の朱子学では主人への絶対服従を刻印するために活用されることになった。また，朱子学者でもあった貝原益軒は，「孝」と「忠」のうち，「孝」のほうをより基本的な徳としてとらえていた。それに対して，たとえば中江藤樹の陽明学でも，

「孝」は基本的な徳としてみなされていたが，単に親に向けての奉仕に限定されるものではなく，人類の共同体を実現する天地の主宰者へのものも含まれていた。

さらに，儒学者の中には，古義学派の伊藤仁斎のような人物も出現し，彼は「仁」を最も基本的で重要な徳ととらえ，あわせて「義」「礼」「智」の徳を重視し，それらを教育によって実現させようとした。また，そのほかに古文辞学を提唱した山鹿素行のような人物も現れ，理想化された武士の生き方として，「清廉」「正直」などの心術を強調した。

また，儒教とともに，江戸時代には，仏教も道徳思想に大きな影響を与えていた。特に，儒教が武士階級の藩校などに取り入れられたのに対し，仏教はどちらかと言うと庶民階級に受け入れられた。しかし，仏教についても，儒教と同様に，多様な展開が見られたために，簡単に特徴を説明することは不可能である。ここでもあえて大枠において言えば，大和時代や奈良時代には，仏教は国家の安泰のために政治勢力と深くつながっていた。特に，道徳思想との関連で言えば，聖徳太子が作ったといわれる十七条憲法には，官僚や貴族に対する道徳的な規範が示されているが，儒教とともに仏教の影響が見られる。やがて，平安時代には，仏教は国家の保護を受けながらも一定の距離を置くようになり，鎌倉時代には大きく開花するとともに，個々人の救済を目的とする大衆的なものに変貌した。

周知のように，鎌倉時代にはいくつもの宗派が出現することになったが，その中の一つ，浄土真宗の宗祖親鸞は，「善人なおもて往生をとぐ，いわんや悪人をや」(『歎異抄』)と断言し，自力の聖人が救われるのであれば，ひたすら絶対他力（阿弥陀仏）に頼る凡夫は必ず救われることを強調した。それに対して，道元は禅の仏教を重視し，自力の立場として「行」を強調した。また，親鸞は法華経を奉じることを主張し，個々人の救済だけでなく，国家の救済まで視野に入れた仏教を実践しようとした。いずれにせよ，鎌倉時代には各派の教えがさまざまなかたちで民衆に広がり，仏教思想は民衆レベルに浸透することとなった。江戸時代には，寺院の軍事力を削ぎ，キリシタン禁制のために寺院

諸法度や寺請制度の下，政治的な統制の中で仏教は庶民に完全に浸透していくことになった。その結果，「お陰様で」「御縁で」などの仏教用語が，さらにはそこから派生した「ありがとう（有り難う）」というような言葉も，庶民の生活に根づくことになったのである。

　また，儒教と仏教という宗教だけでなく，明治期以前の道徳思想を考える場合に忘れられてはならないのは，神道である。もちろん，神道についても儒教や仏教と同じように，多種多様なものがあり，とても簡単に説明できるものではない。しかし，概して言うと，神道は，一般には宗教の一つととらえられているが，その枠組みではとらえきれない部分を有している。元来，神道には，キリスト教やイスラームなどの宗教とは異なり，教祖もいなければ，教義もなければ，経典もない。したがって，神道は従来ながらの宗教という枠組みに入り得ないが，ここでは宗教を大きな意味でとらえ，儒教と仏教と並んで，明治期以前から存在した宗教あるいは宗教的なものとして見ていくことにする。

　後述するように，神道は明治期から国家神道として政治勢力に利用されたために，かなり誤解されたイメージで受け取られて現在に至っているようである。前述したように，神道は，教祖もいなければ，教義もなければ，経典もないために，つねに大きな自然の中にさまざまな神を見いだし，その自然を畏敬しながら成立してきた宗教（「道」）である。したがって，神道は，一神教の視点からは，多神教やシャーマニズムのレベルのものにしか見えないが，決してそういうものではない。もともとの神道（「古神道」とも言う）は，大自然に融和・調和した「惟神（随神）の道」，つまり対峙的・排他的でない生活の「道」である。そのために，一般的に神道では「言挙げしない」ということが尊重され，包容力や寛容力の大きさ，さらに言えば順応性が強調される（もちろん，そうでない派も存在している）。また，神道において，私心を去って全体に帰するという道徳的心境としての「キヨキ心」や「アカキ心」は，きわめてすぐれた個々人の美的・道徳的規範を示している。事実，歴史的にみても，儒教や仏教という外来の文化が我が国に入ってきたときも，神道の側から大きな排斥運動は起きなかった。それどころか，たとえば本地垂迹説のような融合的な共存

思想が出現するぐらいであった。そのようなすぐれた共生的な特徴を有するにもかかわらず、戦前の神道国教政策の好戦的なイメージもあって、神道は残念ながら否定的にとらえられてしまうところが現在でも残っている（たとえば、「大和魂（やまとだましい）」という言葉は、戦時中に日本人を鼓舞するために語られたために好戦的なイメージを現在ではもっているが、もともとの意味では、神道に根ざした清らかさを根本に、自然とともにそこに宿る神々を大切にしながら、生活を整えていこうとする精神を指し示すものであった）。

しかし、明治期以前の歴史を眺めればすぐにわかるように、儒教や仏教の影響を受ける前の日本固有の精神に立ち返ろうという思想が、江戸時代にも広がっていた。たとえば、賀茂真淵や本居宣長などの国学者は古神道の教義を体系づけ、平田篤胤や大国隆正らは、それを発展させていた。とりわけ、本居宣長による計らいの多い態度の漢意（からごころ）の排除と善悪や賢愚などの価値判断を超えた真心（まごころ）の推奨は、純粋ないにしえの日本に回帰しようとする象徴的な古神道の姿勢である。

このような古神道を含めた神道思想は、明治維新の尊皇攘夷運動や神仏分離・廃仏毀釈に大きな影響を及ぼしただけでなく、民衆の暮らしや祭事、そして人々の心の奥底にも根深く浸透していった。たとえば、神道の「禊ぎ」の行為は、「身を清める」という言葉で、また元旦に冷たい海に入って無病息災を祈ったり、あるいは大切なけじめをつけたりするかたちで、日常的に現在まで根づいている。また、願いを真剣に行うときに、「願をかける」という言い方がしばしば日常的になされるが、この「願」というのは、「禊ぎ」を行って自らを清め、心から穢れをはらって神に願うところから由来している。したがって、神道思想は、知らず知らずのうちに、人々の生活や生き方にかなり深く根を下ろしているのである。つまり、意識のあるなしにかかわらず、とりわけ神道的なものは日本人の倫理観・道徳観の底流にあると言えよう。

以上見てきた儒教と仏教と神道の思想は、明治期以前に当たる江戸時代の人々の道徳思想に大きな影響を与えてきたわけであるが、藩校では、道徳教育は特定な教科教育のようなかたちで（たとえば、明治期の修身科のように）指導

されることはなかった。武士の子どものための藩校では，基本的に読み書きの初歩的な学習が主であり，漢学の書物が素読・会読・輪読されていた。つまり，それらの学校では，教科書の中に，あるいは教師の指導の中に，儒教的な道徳教育は組み込まれていた。また，庶民の子どもたちの寺子屋では，実学的な内容が取りあげられ，道徳に関する教科としては教訓科が少しだけ設けられ，そこでは往来物が道徳教材として使用されていた。つまり，庶民の子どものための道徳教育は，寺子屋の中だけでなく，家庭や地域社会という日常生活の中で基本的に行われていたのである。

2．明治時代前期の道徳教育

　1868（明治元）年4月6日，明治政府は五箇条の御誓文を公にした。そこでは，明治天皇は，五箇条の御誓文を天地神明に誓うという祭儀のかたちで執行した。そこには，次のように記されていた。
　一，広ク会議ヲ興シ万機公論ニ決スベシ
　一，上下心ヲ一ニシテ盛ニ経綸ヲ行フベシ
　一，官武一途庶民ニ至ル迄各其志ヲ遂ゲ人心ヲシテ倦マザラシメン事ヲ要ス
　一，旧来ノ陋習ヲ破リ天地ノ公道ニ基クベシ
　一，智識ヲ世界ニ求メ大ニ皇基ヲ振起スベシ
　この内容は，当時の公卿や諸侯などに示した明治政府の基本方針である。そこには，「広ク会議ヲ興シ万機公論ニ決ス」，「上下心ヲ一ニシテ盛ニ経綸ヲ行フ」，「旧来ノ陋習ヲ破リ天地ノ公道ニ基ク」，「智識ヲ世界ニ求メ」というように，封建主義時代から近代国家への脱皮が，道徳律的に示されている。内容的には，江戸時代に見られた儒教の倫理観が色濃く出ているが，欧米の知見を取り入れようとする姿勢が示されるとともに，とりわけ「皇基ヲ振起ス」という文言によって，国については天皇の統治が基本であること，すなわち王政復古による天皇中心の中央集権国家であることも宣言されている。しかも，この内容が御神殿の前で誓われたことから，内容的な側面以上に方法的な側面から，

神道色がより強く醸し出されることになった。

　また，この御誓文には，勅語と奉答書が付されていた。勅語には，「我国未曾有ノ変革ヲ為ントシ朕躬ヲ以テ衆ニ先ンシ天地神明ニ誓ヒ大ニ斯国是ヲ定メ萬民保全ノ道ヲ立ントス衆亦此旨趣ニ基キ協心努力セヨ」と記され，天皇が自ら臣民に率先して天地神明に誓い，万民を保全する道を立てるので，臣民もこの趣旨に基づいて努力することが求められた（これは明治天皇の言葉となっているが，実際には三条実美（さねとみ）が読み上げている）。ここで，天皇が臣民に要求するだけではなく，天皇自らが天や神を率先して敬い，その前で誓うという儀式的態度には，到達し得ないような超越するものを寛容するという神道思想が垣間見られるのである。また，奉答書には，群臣が天皇の意志に従う旨が記されており，そこに当日に411名の公卿と諸侯が署名し，最終的には544名の公卿と諸侯，さらにその他288名が署名したことになっている。

　これによって，明治政府の基本方針が明確化されると同時に，広く承認されたわけであるが，道徳教育の視点から見れば，いわば精神的支柱が明確に提示されたと言えるのである。また，このような時代状況の中で，1870（明治3）年に「大教宣布の詔」が出され，神の意志を受けた天皇が日本の国を治めるとともに，神道が国家の政治と一体化することになった。それによって，江戸時代までの神仏習合が改められ，廃仏毀釈の気運が広がった。その結果，神社の存在が広く認められ，神道が国家宗教にまでなった反面，文明開化の時勢ということも重なって，大自然に融和・調和した「惟神（かんながら）（随神）の道」としての古神道の思想は，かなり背後に追いやられてしまうことになった。

　1872（明治5）年5月には，近代学校の教師を養成するために，湯島の旧昌平廣跡に我が国最初の官立学校として師範学校が設立された。その後，同年8月には「学制」が発布され，日本の近代的な学校教育制度が法的に整備されることになった。制度はフランスの画一的な学制を範とし，教育理念や教育内容などは欧米の個人主義・功利主義によったものであった。しかし，この「学制」は全213章から成る教育法規であり，教育制度や学校教育全般にわたる規定を記したものであるが，「学制」の教育的意図や教育理念はまったく示され

ていなかった。それを示したものが,「学事奨励に関する被仰出書」(太政官布告第214号) である。そのために,「学事奨励に関する被仰出書」は,「学制」の序文にあたるといわれている。その「学事奨励に関する被仰出書」には,次のような記述がなされていた。

「人々自ら其身を立て其産を治め其業を昌にして以て其生を遂るゆゑんのものは他なし身を修め智を開き才芸を長ずるによるなり而して其身を修め智を開き才芸を長ずるは学にあらざれば能はず其学校の設あるゆゑんにして日用常行言語書算を初め士官農商百工技芸及び法律政治天文医療等に至る迄凡人の営むところの事学あらさるはなし人能く其才のあるところに応じ勉励して之に従事ししかして後初て生を治め産を興し業を昌にするを得べしされば学問は身を立てるの財本ともいふべきものにして人たるもの誰か学ばずして可ならんや夫の道路に迷ひ飢餓に陥り家を破り身を喪の徒の如きは畢竟不学よりかかる過ちを生ずるなり従来学校の設ありてより年を歴ること久しといへども或は其道を得ざるよりして人其方向を誤り学問は士人以上の事とし農工商及び婦女子に至っては之を度外におき学問の何物たるを弁ぜず又士人以上の稀に学ぶものも動もすれば国家の為にすと唱へ身を立るの基たるを知ずして或は詞章記誦の末に趨り空理虚談の途に陥り其論高尚に似たりといへども之を身に行ひ事に施すこと能ざるもの少からず是すなはち沿襲の習弊にして文明普ねからず才芸の長ぜずして貧乏破産喪家の徒多きゆゑんなり是故に人たるものは学ばずんばあるべからず之を学ぶには宜しく其旨を誤るべからず之に依て今般文部省に於て学制を定め追々教則をも改正し布告に及ぶべきにつき自今以後一般の人民華士族農工商及び婦女子必ず<u>邑に不学の戸なく家に不学の人なからしめん事を期す</u>人の父兄たるもの宜しく此意を体認し其愛育の情を厚くし其子弟をして必ず学に従事せしめざるべからざるものなり……」(下線部引用者)

ここには, 封建時代に道徳思想の中心をなしていた儒教的・神道的な考え方はほとんど見られない。それどころか, そのような考え方については,「詞章記誦の末に趨り空理虚談の途に陥り其論高尚に似たりといへども之を身に行ひ事に施すこと能ざるもの少からず是すなわち沿襲の習弊にして文明普ねからず」というような批判が述べられている。むしろ, そこにみられるのは, 学問や教

育は立身治産のためであるという徹底した個人主義・功利主義・実学主義の教育観であった。たとえば，「日用常行言語書算を初め士官農商百工技芸及び法律政治天文医療等に至る迄凡人の営むところの事」を学ぶべきこととしてあげられた点に，その教育観は顕著に現れている。まさにその学ぶべき内容は，四民平等を謳い，立身出世主義を志向した開明派官僚の主張に沿った実学そのものであった。その意味では，「学制」や「学事奨励に関する被仰出書」には，欧米の近代的な資本主義を志向した文明開化の啓蒙的な雰囲気が強く反映しており，現在の私たちが想定するような道徳教育は，あまり重要視されていなかったと言えよう。しかし見方をかえれば，学校教育は立身出世主義を道徳教育の支柱としていたとも言えよう。

　さらに，この時期の学校教育をより詳細にみていくと，「学制」の実施要領というべき「小学教則」（1872（明治5）年9月）には，修身科は下等小学（4年制）の第8級から5級まで（現在の小学校の1，2年生に相当する）だけに「修身口授（ぎょうぎのさとし）」として週2時間（5級では1時間）設けられていたが，下等小学の4級以上の2年間，そして上等小学（4年制）には設置されていなかった。しかも，下等小学の修身科は，総時間数のわずか3％程度に過ぎず，諸教科（14教科）の中で6番目（綴字・習字・単語・会話・読本・修身）に位置づけられていた。また，下等中学（3年制であり，現在でいえば中学校に相当するものであるが，就学年齢でいえば，14歳から17歳になる）では，修身科が設けられ，諸教科（16教科）の中で14番目に位置づけられていた。つまり，当時の学校教育では，国民皆学と国力の充実発展を最優先するために，明らかに知識や技術の教育が重視され，道徳教育は軽んじられていたのである。

　そこでは，その修身科の授業形態は，「小学教則」に「修身口授」と記されているように，基本的に教師の口授・説話であった。その際に，教材としては，イギリスのチェンバース（Chambers, W. & R.）の"The Moral Class Book"を翻訳した『童蒙教草（どうもうおしえぐさ）』（福澤諭吉訳）やアメリカの倫理学者ウェーランド（Wayland, F.）の"Elements of Moral Science"を翻訳した『修身論』（阿部泰蔵訳）などの翻訳本も使用されていた。

ところが，1877（明治10）年の西南戦争後，政情は比較的安定するが，自由民権運動はいっそう活発化することになり，その対策の一つとして，政府は教育を通して国家主義的思想統制を図ろうとし始めた。その結果，政府部内においても，たとえば翻訳本の使用に顕著に見られるような，自由主義的な欧化思想に立場（開明派）と，孔子の教えを国教に据える儒教主義的な国粋思想の立場（復古派）とが，道徳教育の基本をどこに求めるかで対立するようになった。その対立は明治10年代から20年代はじめにかけて続いたが，進むべき方向性は早い段階から決していたように思われる。その大きな歴史的役割を担ったといえるものが，「学制」から「教育令」の制定という歴史的過程において登場した，1879（明治12）年8月の「教学聖旨」であった。それは，1876（明治9）年から1878（明治11）年にかけての地方巡業の見聞に基づいた天皇の教育に関する意見書であり，天皇の侍講元田永孚（もとだながざね）によって起草されたものである。

　その「教学聖旨」は，総論である「教学大旨」と小学校教育に関する「小学条目二件」から構成されていた。「教学大旨」では，「教学ノ要仁義忠孝ヲ明カニシテ智識才芸ヲ究メ以テ人道ヲ尽スハ我祖訓国典ノ大旨上下一般ノ教トスル所ナリ然ルニ輓近専ラ智識才芸ノミヲ尚トヒ文明開化ノ末ニ馳セ品行ヲ破リ風俗ヲ傷フ者少ナカラス」，さらには「仁義忠孝ヲ後ニシ徒ニ洋風是競フニ於テハ将来ノ恐ルル所終ニ君臣父子ノ大義ヲ知ラサルニ至ランモ測ル可カラス」と述べられ，国民道徳の荒廃の大きな原因は，「智識才芸」のみを尊重する文明開化の教育であると断じられた。その課題を解決するために，「祖宗ノ訓典ニ基ツキ専ラ仁義忠孝ヲ明カニシ道徳ノ学ハ孔子ヲ主トシテ人々誠実品行ヲ尚トヒ然ル上各科ノ学ハ其才器ニ随テ益々長進シ道徳才芸本末全備シテ」という方針が強調された。また，「小学条目二件」では，「学制」にみられた万人のための啓蒙的な理念と異なり，「古今ノ忠臣義士孝子節婦ノ畫像・寫眞」によって「幼少ノ始ニ其脳髄ニ感覚セシメテ培養スル」こと，さらには身分相応に「農商ニハ農商ノ学科ヲ設ケ高尚ニ馳セス實地ニ基ツキ他日学成ル時ハ其本業ニ帰リテ益々其業ヲ盛大ニスル」ことが述べられた。

　それに対して，開明派の伊藤博文は，儒教主義や神道の復興を警戒し，一つ

の国教を定めるようなことを政府が管制してはならない，と厳しく批判した。しかし，仁義忠孝を行わせる教育によって政治と教育を一体化させ，天皇親政の国家統治の実現を目指していた元田永孚の強烈な反論と，自由民権運動を沈静化をさせ，国を統治しなければならなかった情況とを勘案して，伊藤博文も「教学聖旨」の内容を全面的に排除するまでには至らなかった。そのために，結果的に「教学聖旨」に則った方向性は，その後も堅持されることになったのである。

　このような経緯についてもう少し具体的・実際的にいうと，1879（明治12）年9月，「学制」が廃止され，基本的に「学制」の方針を引き継ぐ欧化主義的な「教育令」が公布されたが，「教学聖旨」の精神を継承するものではなかったために，翌年の1880（明治13）年12月には早急に改正されることになった。この改正された教育令が，いわゆる「改正教育令」と呼ばれるものである。その第3条では，「小学校ハ普通ノ教育ヲ児童ニ授クル所ニシテ其学科ヲ修身読書習字算術地理歴史等ノ初歩トス」と規定され，修身が諸教科の筆頭に位置づけられ，教科課程の中でも最も重視されることとなった。また，その年の8月には，文部省は，「教科書採択ニ関スル注意」を学校関係者に通達し，その中で「教育上弊害ノアル書籍」は採用しないように注意を促している。そのような政策の中で，翻訳された修身教科書はほとんど使用されなくなった。続いて1881（明治14）年5月には，「改正教育令」の実施要領である「小学校教則綱領」が公布され，修身の授業時数は初等科と中等科では週6時間，高等科では週3時間となり，その授業の目標は，「徳性ヲ涵養シ」や「作法ヲ授ク」と明確に規定された。さらに，同年6月には，文部省は，16条から成る「小学校教員心得」を布達した。その第1条には，「人ヲ導キテ善良ナラシムルハ多識ナラシムルニ比スレバ更ニ緊要ナリトス故ニ教員タル者ハ殊ニ道徳ノ教育ニ力ヲ用ヒ」，「常ニ己カ身ヲ以テ之カ模範トナリ生徒ヲシテ徳性ニ薫染シ善行ニ感化セシメンコトヲ務ムヘシ」という文言が記され，知識・技術の教育よりも道徳教育を優先するとともに，教師の垂範の姿勢が重視された。同1883（明治16）年7月には，1881（明治14）年から行われていた教科書の開申制度が改められ，

認可制度が施行された。そして1886（明治19）年4月に教科書の検定制度がしかれ，やがて修身の教科書も次第に統制化されていくこととなった。

その頃まで，伊藤博文だけでなく，福澤諭吉らによって，儒教ではなく自主自立の精神を養う考え方が示されたり，初代文部大臣の森有礼によって，欧化主義的な方向への教育制度改革，たとえば1886（明治19）年の諸学校令（「帝国大学令」，「師範学校令」，「中学校令」，「小学校令」）の制定が行われたりした。そこでは，道徳教育に関する教育論争も繰り広げられていたが，結局のところ，さまざまな時代背景もあって，国家主義的な道徳教育が強められることとなった。その趨勢は，開明派の官僚であった井上毅の妥協もあって，1890（明治23）年10月30日の「教育勅語」（「教育に関する勅語」）の発布（渙発）によって，揺るぎないものとなったのである。

3．明治時代後期の道徳教育

天皇陛下直々の言葉として（天皇の署名のみで，関係大臣の副署なしという異例なかたちで）発表された「教育勅語」は，ときの総理大臣山県有朋と芳川文相の責任のもとに起草が進められたが，内容的にいうと，ときの法制局長官井上毅と天皇の侍講元田永孚の影響がきわめて大きく，実質的には彼ら二人によって作成されたものと見なして大きな間違いはないであろう。

```
朕惟フニ我カ皇祖皇宗國ヲ肇ムルコト宏遠ニ德ヲ樹ツルコト深厚ナリ我カ臣民克ク忠ニ克ク孝ニ億兆心ヲ一ニシテ世々厥ノ美ヲ済セルハ此レ我カ國體ノ精華ニシテ教育ノ淵源亦實ニ此ニ存ス爾臣民父母ニ孝ニ兄弟ニ友ニ夫婦相和シ朋友相信シ恭儉己レヲ持シ博愛衆ニ及ホシ学ヲ修メ業ヲ習ヒ以テ智能ヲ啓發シ德器ヲ成就シ進テ公益ヲ廣メ世務ヲ開キ常ニ國憲ヲ重シ國法ニ遵ヒ一旦緩急アレハ義勇公ニ奉シ以テ天壌無窮ノ皇運ヲ扶翼スヘシ是ノ如キハ獨り朕カ忠良ノ臣民タルノミナラス又以テ爾祖先遺風ヲ顯彰スルニ足ラン
斯ノ道ハ實ニ我カ皇祖皇宗ノ遺訓ニシテ子孫臣民ノ倶ニ遵守スヘキ所之ヲ古今ニ通シテ謬ラス之ヲ中外ニ施シテ悖ラス朕爾臣民ト倶ニ拳々服膺シテ咸其德ヲ一ニセンコトヲ庶幾フ
```

> 明治二十三年十月三十日
> 御名御璽

　内容を見てみると、「教育勅語」は、一般的には大きく三つの部分から成り立っていると言われている。その区分に従うならば、最初の部分では、日本の「国体」（天皇を頭と頂く国のあり方）と臣民の忠孝が示され、教育の源はそこに置かれるべきである、ということが記されている。真ん中の部分では、まず儒教的な徳目が示された後で、近代市民社会的な徳目が示されている。そして、その徳目の最後のところでは、「一旦緩急アレハ義勇公ニ奉シ以テ天攘無窮ノ皇運ヲ扶翼スベシ」という至高の徳目である天皇への「義勇奉公」が強調されている。また、最後の部分では、前段で示されたあり方が皇室の祖先の遺訓であるから、臣民は守るべきであり、それは普遍的に正しい道とされたのである。
　また、日本政府は、「教育勅語」（The Imperial message on Education）を英語・ドイツ語・フランス語・漢文に翻訳して紹介したのである。

> 　Know ye, our subjects;
> Our Imperial Ancestors have founded Our Empire on a basis broad and everlasting and have deeply and firmly implanted virtue; Our subjects ever united in loyalty and filial piety have from generation to generation illustrated the beauty thereof. This is the glory of the fundamental character of our Empire, and herein also lies the source of Our education. Ye, Our subjects, to be filial to your parents, affectionate to your brothers and sisters; as husbands and wives be harmonious, as friends true; bear yourselves in modesty and moderation; extend your benevolence to all; pursue learning and cultivate arts, and thereby develop intellectual faculties and perfect moral powers; furthermore advance public good and promote common interests; always respect the Constitution and observe the law; should emergency arise, offer yourselves courageously to the State; and thus guard and maintain the prosperity of Our Imperial Throne coeval with heaven and earth. So shall ye not only be Our good and faithful subjects, but render illustrious the best traditions of your forefathers.
> 　The Way here set forth is indeed the teaching bequeathed by Our Imperial Ancestors, to be observed alike by Their Descendants and the subjects, infallible for all ages and true in all places. It is Our wish to lay it to heart in all reverence, in

common with you,
Our subjects, that we may all thus attain to the same virtue.
　　　　The 30th day of the 10th month of the 23rd year of Meiji,
　　　　　(Imperial Sign Manual,　Imperial Seal)

（この英訳文は，1906（明治39）に牧野伸顕(のぶあき)文部大臣が菊池大麓(だいろく)らに翻訳させたもの）

　文部省は，「教育勅語」の謄本を，ほぼ一年かけて全国のすべての学校に下付し，祝祭日の式典で勅語の奉読を義務づけた（1891（明治24）年の「小学校祝日大祭日儀式規定」が制定された）。それに伴って，天皇，皇后の御真影への最敬礼や万歳奉祝なども行われた。そのようなことによって，「教育勅語」の精神の貫徹が図られ，次第にその精神に基づいた徳育が小学校教育で最優先されるようになった。それと同時に，「教育勅語」や御真影(ごしんえい)は次第に神格化されるようになり，たとえば1891（明治24）年の１月９日に第一高等中学校で「教育勅語」への奉礼を拒否した嘱託教員が退職させられるという事件が起きている。これが，いわゆる内村鑑三不敬事件である。キリスト教徒であった彼にとっては，奉礼は，キリスト教の神以外に捧げてはならなかったからである。さらに，こうした事件以外にも，学校火災の際に御真影と「教育勅語」の謄本を救おうとした校長が殉死するなどという不幸な事件も起きている。

　また，「教育勅語」の渙発と同じ年の12月に，「小学校修身教科書検定基準」が示され，それに基づいて修身教科書が刊行された。1892（明治25）年から1894（明治27）年に至る間に約80種の修身教科書が刊行されたといわれている。

　そうした折に，1902（明治35）年12月，予期せぬ教科書疑獄事件（教科書採用をめぐる贈収賄事件）が発覚し，それをうまく政府が利用するかたちで，翌年４月に小学校令が改正され（「小学校ノ教科用図書ハ文部省ニ於イテ著作権ヲ有スルモノタルヘシ」と定められ），政府の念願であった教科書の国定化が実現されることになった。国定化された修身教科書（第１期）は，1904（明治37）年４月から全国の学校で使用されるようになったが，決して国民倫理を極端に強調されているものではなかった。政府の威信もあったのか，当時としてはかなり工夫された内容の国定の修身教科書が作成されたのである。たとえば，人物

を取りあげる人物基本主義と，徳目を順番に取りあげる徳目基本主義の両方の長所を合わせた方針で，教科書はとても工夫されながら作成されていた。また，1学年を除く各学年では，最後に総括の章（学年によっては「良い子ども」「よい日本人」）が設けられており，学年全体のまとまりも考慮されていた。

4．大正時代の道徳教育

　大正期に入ると，政府はロシア革命をはじめ，さまざまな民衆の運動を恐れ，臣民の教育の充実を図ろうとした。その象徴的な施策は，1917（大正6）年10月から1919（大正8）年3月まで開催された「臨時教育会議」であった。そこでは，教育勅語の中にみられた近代市民社会的な倫理観よりも，あくまでも天皇中心の倫理観が強調され，国民道徳教育の徹底が求められた。つまり，知識や技能の教育よりも，道徳教育が強調された。特に女子の知育にかかわっては，否定的な意見が強く打ち出されていた。

　ところが，国際的に見れば，19世紀末から20世紀初頭にかけては，欧米諸国でいわゆる新教育運動が展開され，そこでは，従来の古典的な教育の在り方を打破するために，教師中心から子ども中心への教育が主張されるとともに，子どもの自主的・自発的な学習が重視されていた。我が国でも，大正デモクラシーの社会的な風潮もあって，その欧米の運動に触発された実践が，政府の意図とは反して，都市部の私立学校や師範学校の附属学校を中心に行われていた。たとえば，成城小学校，玉川学園，自由学園などの私立学校，そして奈良女子高等師範・千葉師範・明石女子師範などの附属小学校である。この教育改革運動の隆盛期は，1921（大正10）年8月に東京高等師範学校の講堂で開催された「八大教育主張」の頃であったといわれている。その「八大教育主張」の講演者とテーマは，次のようなものであった。すなわち，稲毛詛風（いなげそふう）「真実の創造教育」，河野清丸「児童主義の教育」，及川平治「動的教育の要点」，千葉命吉「衝動満足と創造教育」，小原國芳「全人教育論」，手塚岸衛「自由教育の真髄」，片上伸「文芸教育論」，樋口長市（ひぐちちょういち）「自学主義教育の根底」である。

そうした実践の過程において、修身教育についても改革が試みられた。たとえば、成城小学校を創立した澤柳政太郎は、子どもの発達を考慮して、修身を「尋常4学年より始むべき」と主張した。玉川学園の小原國芳は、「修身教授革新論」を主張し、自律的道徳の確立と、教育勅語の徳目についてこの時代にふさわしい解釈をすべきであると説いた。奈良女子高等師範附属小学校主事の木下竹次は、生活教材を重視したり、あるいは創作活動を取り入れたような修身の指導を考えていた。明石女子師範附属小学校主事の及川平治は、「分団式動的教育法」を主張し、修身教育において絶対主義的な徳目の注入よりも、具体的な生活の問題を実践的に思考し行動する方法を探っていた。

　また、この頃の国定（第3期）の修身教科書では、時代状況を反映して、家族主義的国家観が基調とされながらも、儒教主義的な内容はかなり大幅に削減され、近代市民社会の道徳や平和主義的色彩の強い内容が積極的に取り入れられていた。

　しかし、大正時代の新教育運動は、根本のところでは、帝国主義段階の社会における教育改革運動の性格を有するものであり、「教育勅語」の枠から離れるものではなかった。つまり、修身教育においては、教育勅語の内容が否定されるのではなく、そこに明記された徳目の一方的な押しつけが、教育方法として拒否されていたのである。実際に国定（第3期）の修身教科書を見ても、「天の岩屋」、「大国主命の国土献上」、「八岐の大蛇」などの国家神話が取り入れられており、天皇制国家のイデオロギーは通底されていた。そこでは、一貫して国家の発展に尽力する忠良の臣民の育成が目指されていたのである。たとえば、「よい日本人」という項目において次のように記されていた文言は、その象徴的なものであろう。すなわち、「我が大日本帝国は万世一系の天皇を戴き、御代々の天皇は我等臣民を子のやうにおいつくしみになり、我等臣民は数千年来、心をあわせて克く忠孝の道に尽くしました」ので、「祖先の志を継いで、忠君愛国の道に励まなければ」ならないとされていた。

5．昭和時代初期の道徳教育

大正末期から昭和初期にかけて，「生活修身」の運動が，奈良女子高等師範附属小学校を中心に展開された。また，昭和初期には，東北地方を中心に，綴方で表現させることによって子どもの生活指導を促進しようする生活綴方運動が活発に展開された。その実践は，「北方教育運動」ないしは「北方性教育運動」と呼ばれていた。そうした運動の過程で，修身教育も，少なからず影響を受け，国定修身教科書だけに依拠するのではなく，実生活を強く意識した活動を取り入れるようになった。しかし，それらの運動も，政府の圧力もあって全国的に普及しなかったために，修身教育の根本的な改善には至らなかった。

そのようなときに，我が国でも，世界大恐慌の影響を受け，経済は深刻な状況に陥り，生活の窮乏は労働争議を掻き立てていた。また，満州事変の勃発を契機として，軍部を中心とした国家主義勢力がますます強くなり，五・一五事件，二・二六事件などのテロリズムの風潮が強まっていた。このような社会的な背景のもと，政府は庶民の言論や思想をはじめ，庶民の教育への弾圧をよりいっそう強化していった。たとえば，1933（昭和8）年2月4日からおよそ7ヵ月にわたって，治安維持法違反を名目に，長野県下の労働組合や農民組合などに対する弾圧が行われた。その中でも，教員組合の長野支部に結集していた教師たちに対する弾圧の規模は大きく，その数は，全検挙者608名のうち230名を占めていたという。そうした情況下で，1934（昭和9）年から1940（昭和15）年にかけて，国定（第4期）の教科書が改訂されることになった。そこでは，近代市民社会の道徳に代わって，臣民の道徳がより強調されるようになった。つまり，皇室の絶対性や権威性が説かれ，それに対する臣民の服従と献身が強く求められたのである。ところが，教育目標とは異なる，指導の内容や方法についていえば，意外にもさまざまな工夫や改善が見られた。たとえば，資料の配列は徳目の系列よりも生活に沿うようになっていた。また，子どもが興味をもてるように，例話として童話や寓話が多く採用され，その挿絵にも色彩

が施されるとともに，命令調の表現も少なくなった。さらに，資料に応じて，柔軟に問答や作業や劇など適切な方法をとるべきことも奨励されていた。

　しかし，文部省が，1937（昭和12）年に『国体の本義』，1941（昭和16）年に『臣民の道』をまとめたうえに，さらに同年3月に国民学校令を公布するようになると，社会倫理的・個人道徳的な内容は教育の表舞台から姿を消し，学校教育全体が戦時制下の超国家主義的・軍国主義的な様相を示すようになった。小学校は，国民学校と呼ばれるようになった。

　国民学校令第1条には，国民学校の目的は，「皇国ノ道ニ則リテ初等普通教育ヲ施シ国民ノ基礎的錬成ヲ為」することと規定され，学校は啓蒙・教授するところから錬成するところに変更されることになった。それに伴って従来の諸教科も，国民科（修身，国語，国史，地理），理数科（算数，理科），体練科（体操，武道），芸能科（音楽，習字，図画，工作），実業科（高等科のみ）に集約再編された。それらの中でも国民科が中心的な位置を占め，修身は国語・国史・地理とともに，「特ニ国体ノ精華ヲ明ニシテ国民精神ヲ涵養シ皇国ノ使命ヲ自覚セシムルヲ以テ要旨トス」（施行規則第2条）と規定された国民科に統合されたのである。

　また，1941（昭和16）年には，国定（第5期）の修身教科書が，編纂趣意書も出されることなく，初等科の第1・第2学年で使用されることになった（『ヨイコドモ・上』，『ヨイコドモ・下』）。翌年の1942（昭和17）年には，初等科の第3・第4学年用の修身教科書（『初等科修身・一』，『初等科修身・二』）が，さらに1943（昭和18）年には，初等科の第5・第6学年用の修身教科書（『初等科修身・三』，『初等科修身・四』）が使用された。内容的には，神話や天皇に関するものが増え，皇国民としての自覚がよりいっそう強く求められていた。

6．戦後における修身科の廃止と道徳の空白時代

　1945（昭和20）年8月15日，我が国は無条件降伏の勧告を受け入れた。それ以降数年間にわたって，連合国軍最高司令官総司令部（GHQ）は，戦前・戦中

の教育体制を突き崩し，教育の刷新を図ろうとした。そこで，同年，四大教育指令と呼ばれるものが出された。第1の指令は，「日本教育制度の管理」に関するものであり，軍国主義と極端な国家主義を排除して，教育の民主化を達成する方針を示したものである（10月22日）。第2の指令は，「教員及び教育関係者の調整，除外，認可」に関するものであり，教職適格審査と教職追放を行おうとしたものである（10月30日）。第3の指令は，「国家神道，神社神道に対する政府の保証，支援，保全並びに公布の禁止」に関するものであり，神道および神社を国家から分離させ，天皇の神格化を否定しようとしたものである（12月15日）。第4の指令は，「修身，日本歴史，及び地理の停止・教科書回収」に関するものであり，戦前の道徳教育を否定しようとしたものである（12月31日）。その後，1946（昭和21）年6月29日に地理の再開が，同年10月12日に日本歴史の再開が許可された。しかし，修身科の授業の再開は許可されなかった。その修身科に代わって，新しい民主主義的な道徳教育を担わせようとしたのが，次に述べる公民科であった。

　文部省は，1946（昭和21）年3月31日の第一次アメリカ教育使節団報告書の勧告を考慮し，その秋には『公民教師用書』を作成することにした。それは，新しい民主主義社会の理念を教え，公民的資質の育成のための公民科を新設しようとするものであった。その「まえがき」には，次のように記されていた。

　「実際にはわが国の社会生活も種々の点で近代化し，変化して来た結果，古い社会の道徳意識そのままでは，国民生活に現実には適合しないところが多くなってきたにもかかわらず，道徳教育の根本の方向には変化が無く，依然として上から徳目を教え込むという指導が跡を絶たなかった。そこでこの教育は観念的にとどまり，たとえば「孝」という徳目を指導する際に，多くの場合，それを具体的な社会生活の全体から切り離し，古い例話を用いて，その徳目にしたがう個人の心術だけを作り上げようとする傾向があった。したがって，その結果は道徳教育が一般的に抽象的，観念的になり，親子の間を具体的な社会生活の中で正しく合理的に処理していくこと，すなわち，孝を現実の生活の中で，具体的に合理的に実現していくことにおいては，指導に欠けるところが多かった。都会のアパート

住まいの子どもに，昔の農家の子どもの孝の例話によって指導を行っても，そこでは道徳は観念の問題にとどまり，生活の問題とはならない。そのために道徳は生活の力とはならないで，言葉や観念に終わり，子どもは孝の大切なことを観念において知っていても，現実に具体的に正しい親子の関係を成り立たせることができないことが多い。また，美風としてその説くところの家の生活というものも実は古い社会のそれを理想化したものであり，現実の家の生活との間にくいちがいが多く，そのためにかえって，家族のためのみをはかるという一種の家の利己主義が横行し，そういう行為が社会生活の正常な発展の妨げになるという結果さえ見られた。そこで，もっと現実の社会生活に即した指導が要求されるのである。

　また，従来の極端に国家主義的な教育方針の結果，道徳の向かうところもまた一律に国家目的の実現というふうに考えられた。そこで結局道徳教育が人間の基本的権利及びその生活条件を無視するような傾きもみられるようになった。国家は個人をその一点とする共同体なのだから，個人と国家との繋がりは，もちろん重く見られなくてはならない。しかし，国家は各個人が協力して公共の善のために尽くすことができるために必要な共同体であるということを教えることが大切である。かつては，国家は至上のものとされたので，国家目的の実現のためには，個人の人間性やその現実の生活さえも無視されるようなことにもなったのである。したがって，国家目的実現のためには実際生活にそぐわない無理な要求がなされ，その結果，かえって，表面だけをつくろうような偽善的な傾向を生み，生活自身は少しも改善されないことになりがちであった。個人の人間性を無視する画一主義，むなしい形式主義がそこから生じて，あたかも道徳教育全体が迂遠な空疎な教育であるかのような批評も聞くようになったのである。（略）

　今，日本の平和的民主的国家としての再建を望み見るとき，その事業の大半は教育に委ねられているといっても過言ではない。それは国民一般の生活の再建が教育によってはじめてその礎が置かれるからである。しかも，この国民教育の再建の可否は，その根本を考えるとき，社会科の教育の成否如何にかかっているといってよい。職業教育も，その根底において，真の意味での公民，すなわち公正と自由と寛容との精神を愛する国民の育成を基としてこそ，その意味を持つことができる。これを思えば，公民科を含む社会科の教育はすべての教育の基本であり，或いは教育そのものであるとさえもいえるであろう。この教育の任に当たる

教師の責任は極めて大きいといわなくてはならない。」(文部省『中等学校　青年学校　公民教師用書』1946年)

　ここに記された道徳教育に関する内容は，すぐれた見識を示すものであった。
　しかし，まもなく学制の改革があり，またそれに伴って教科課程の全面的な改訂が行われることとなり，その公民科の構想は残念ながら頓挫するかたちになってしまったのである。
　1947（昭和22）年3月31日，日本国憲法の下で教育基本法と学校教育法が公布され，翌4月1日から新制の学校が始まった。また，それと前後して，3月22日には，我が国最初の『学習指導要領一般編（試案）』が発行されていた。そのような一連の改革では，「社会生活についての良識と性格を養う」ために，「これまでの修身・公民・地理・歴史などの教科の内容を融合して，一体として」学ぶことのできる社会科が新設された。つまり，社会科が，道徳教育の中心的な位置を占めるようになった。その意味では，結果的に道徳教育はきわめて弱体化されることになった。
　しかし，当時，他方では，弱体化された道徳教育を補うために，アメリカから導入された実践的なガイダンス（guidance）が注目された。ガイダンスは，知識や技能の習得よりも実際的な行動の指導であり，しかもその領域は健康指導や学業指導や職業指導などきわめて広範囲に及ぶこともあって，不十分ではあるが，道徳教育の補完の役割を，ある程度は現実的に担えるものであった。

7．全面主義道徳教育の時代

　1948（昭和23）年6月19日，衆議院で「教育勅語等排除に関する決議」が，参議院で「教育勅語等の失効確認に関する決議」が可決され，教育勅語を理念の支柱とする教育体制は完全に終わりを告げ，そして戦前の儒教的な徳目中心の道徳教育は全面的に否定されたのである。それに代わって，社会科が道徳教育の大きな役割を演じようとしていた。事実，『学習指導要領社会科編Ⅰ』には15項目の目標があげられているが，その中には「礼儀正しい社会人として行

動する」,「自己の地位と責任を自覚させる」,「正義・公正・寛容・友愛の精神をもって,共同の福祉を増進する関心と能力を発展させる」などの文言が記述されており,その点からいっても,社会科の中に道徳教育的なものは十分に含まれていた。しかし,そこで求められる道徳性は,あくまでも合理的で,しかも問題解決的な社会認識の知性であって,行動規範を生み出すような道徳的感性や意欲を強くもつものではなかった。

そのような情況の道徳教育に対して,青少年の非行問題の顕在化という当時の社会的背景もあって,いわゆる保守層からも強い非難が浴びせられることになった。また,アメリカによる対日政策の転換があり,道徳教育の再建と強化の声が世論の中でも次第に大きくなる傾向にあった。政府関係者の中でも,1950（昭和25）年頃から戦後の道徳教育に対して批判的な見解も現れるようになった。たとえば,文部大臣天野貞祐（元第一高等学校長）は,1950（昭和25）年10月に各学校や家庭で祝日に国旗掲揚と国歌斉唱を推進するという談話を発表し,同年11月の全国都道府県教育長会議で,新しい道徳教育の基準としての「国民実践要領」の制定を表明した。「国民実践要領」の中には,現在的な視点から見ても注目に値する知見も示されていたが,当時は天野貞祐の一連の見解は厳しい批判にさらされることとなった。

それとほとんど同時期に,第二次アメリカ教育使節団報告書が出された（1950（昭和25）年9月22日）。そこには,「道徳教育は,ただ,社会科だけからくるものだと考えるのはまったく無意味である」の述べられたあとで,「道徳教育は,全教育課程を通じて,力説されなければならない」というような全面主義道徳教育が強調された。また,翌年1月4日に出された教育課程審議会答申（会長・石三次郎東京教育大学教授）でも,「道徳教育は,学校教育全体の責任である」,「道徳教育振興の方法として,道徳教育を主体とする教科あるいは科目を設けることは望ましくない」,「道徳教育を主体とする教科あるいは科目は,ややもすれば過去の修身科に類似したものになり勝ちであるのみならず,過去の教育の弊に陥る糸口ともなる恐れがある」などという見解が示され,全面主義道徳教育の立場が示された。この答申を尊重して,文部省は,「道徳教

育振興方策案」(昭和26年2月8日)を示し、4月には『道徳教育のための手引書要領・小学校編』(中学校編と高等学校編については、翌年5月)を発表した。つまり、当時は文部大臣の意向に反して、全面主義道徳教育という立場が堅持され、それに沿うかたちで道徳教育の強化が図られようとしていたのである。そのことは、1951(昭和26)年に改訂された『学習指導要領一般編(試案)』でも、「学校教育のあらゆる機会をとらえ」、「学校教育の全面において」という文言に顕著に現れている。

8. 特設道徳の誕生

1957(昭和32)年、第一次岸信介内閣は、民族精神涵養と国民道義の昂揚に沿った教育政策の推進を目指していた。同年9月、文部大臣松永東は、新しい国際情勢の中で、教育課程審議会に「科学技術の振興、基礎学力の向上、道徳教育の強化をめざした独立教科の特設等を中心とした、小・中学校教育課程全面改訂」について諮問した。

教育課程審議会は、1957(昭和32)年11月には特設「道徳」の方針を中間的な結論として発表したうえで、1958(昭和33)年の3月15日に答申を出した。そこには、特設道徳の理由について次のように述べられていた。

「学校における道徳教育は、本来学校の教育活動全体を通じて行うことを基本とする。従来も、社会科をはじめ各教科その他教育活動の全体を通じて行ってきたのであるが、広くその実情をみると、必ずしもじゅうぶんな効果をあげているとはいえない。このような現状を反省して、ふじゅうぶんな面を補い、さらに徹底をはかるために、新たに『道徳』の時間を設ける。『道徳』の時間は、児童生徒が道徳教育の目標である道徳性を自覚できるように、計画性のある指導の機会を与えようとするものである。すなわち、他の教育活動における道徳指導と密接な関連を保ちながら、これを補充し、深化し、また統合して、児童生徒に望ましい道徳的習慣・心情・判断力を養い、社会における個人のあり方についての自覚を主体的に深め、道徳的実践力の向上をはかる。」

その3日後の3月18日，文部省は，「小学校・中学校における「道徳」の実施要領について」という文部事務次官通達を出し，その通達には「小学校「道徳」実施要綱」と「中学校「道徳」実施要綱」が付記されていた。そこには，道徳の時間は毎学年，毎週1時間とし，小学校においては「教科以外の活動」，中学校においては「特別教育活動」の時間のうちに，これを特設して指導すること，さらには学級担任教師が道徳の時間を指導すること，などが明記されていた。このような方針は，そのまま，同年8月28日告示の小学校と中学校の『学習指導要領道徳編』への記載を経て，同年10月1日に告示された小学校と中学校の『学習指導要領』にも引き継がれた。その第1章の総則において，道徳教育に関して次のような記述がなされた。

　「学校における道徳教育は，本来，学校の教育活動全体を通じて行うことを基本とする。したがって，道徳の時間はもちろん，各教科，特別教育活動および学校行事等学校教育のあらゆる機会に，道徳性を高める指導が行われなければならない。
　道徳教育の目標は，教育基本法および学校教育法に定められた教育の根本精神に基く。すなわち，人間尊重の精神を一貫して失わず，この精神を，家庭，学校その他各自がその一員であるそれぞれの社会の具体的な生活の中に生かし，個性豊かな文化の創造，民主的な国家および社会の発展に努め，進んで平和的な国際社会に貢献できる日本人を育成することを目標とする。
　道徳の時間においては，各教科，特別教育活動および学校行事等における道徳教育と密接な関連を保ちながら，これを補充し，深化し，統合し，またはこれとの交流を図り，生徒の望ましい道徳的習慣，心情，判断力を養い，社会における個人のあり方についての自覚を主体的に深め，道徳的実践力の向上を図るように指導するものとする。」

そのうえで，第3章第1節の道徳のところでは，まず，「人間尊重の精神を一貫して失わず，この精神を，家庭，学校その他各自がその一員であるそれぞれの社会の具体的な生活の中に生かし，個性豊かな文化の創造，民主的な国家および社会の発展に努め，進んで平和的な国際社会に貢献できる日本人を育成

することを目標とする」という，総則のところで明記された道徳教育の目標が繰り返し述べられたあとで，小学校の場合，その目標を達成するための，道徳の時間における具体的な目標が次のようにあげられていた。

　　1　日常生活の基本的な行動様式を理解し，これを身につけるように導く。
　　2　道徳的心情を高め，正邪善悪を判断する能力を養うように導く。
　　3　個性の伸長を助け，創造的な生活態度を確立するように導く。
　　4　民主的な国家・社会の成員として必要な道徳的態度と実践的意欲を高めるように導く。

　次に，これらの四つの目標を達成するための内容が示されていた。具体的には，「主として「日常生活の基本的行動様式」に関する内容」に含まれるものに「生命を尊び，健康を増進し，安全の保持に努める」など6項目，「主として「道徳的心情，道徳的判断」に関する内容」に含まれるものに「自他の人格を尊重し，お互の幸福を図る」など11項目，「主として「個性の伸長，創造的な生活態度」に関する内容」に含まれるものに「自分の特徴を知り，長所を伸ばす」など6項目，「主として「国家・社会の成員としての道徳的態度と実践的意欲」に関する内容」に含まれるものに「だれにも親切にし，弱い人や不幸な人をいたわる」など13項目，すべて合わせて36項目の内容が1番から36番まで並べられていた。

　また，中学校の場合，第3章第1節の道徳のところでは，目標については，小学校の場合と同様に，総則に明記された同じ文言が示されていたが，内容については，まず，次のような文言が記されていた。

　　「道徳教育の内容は，教師も生徒もいっしょになって理想的な人間のあり方を追求しながら，われわれはいかに生きるべきかを，ともに考え，ともに語り合い，その実行に努めるための共通の課題である。
　　道徳性を高めるに必要なことがらは，本来分けて考えられないものであって，道徳的な判断力を高めること，道徳的な心情を豊かにすること，創造的，実践的な態度と能力を養うことは，いかなる場合にも共通に必要なことであるが，上の目標を達成するためのおもな内容をまとめて示すと，次のとおりである。」

このように述べたあとで，三つに区分されてその内容が示されていた。具体的には，「日常生活の基本的な行動様式をよく理解し，これを習慣づけるとともに，時と所に応じて適切な言語，動作ができるようにしよう」に含まれるものに「生命を尊び安全の保持に努め，心身ともに健全な成長と発達を遂げるように励もう」など5項目，「道徳的な判断力と心情を高め，それを対人関係の中に生かして，豊かな個性と創造的な生活態度を確立していこう」に含まれるものに「人間としての誇をもち，自分で考え，決断し，実行し，その責任をみずからとるように努めよう」など10項目，「民主的な社会および国家の成員として，必要な道徳性を発達させ，よりよい社会の建設に協力しよう」に含まれるものに「家族員相互の愛情と思いやりと尊敬とによって，健全な家族を築いていこう」など6項目，すべて合わせて21項目の内容があげられていた。

　このような特設道徳を初めて提唱した『学習指導要領』の記述には，さまざまな視点からの批判に耐えられるように，「道徳科」ではなく「道徳の時間」という名称を使うなど，時代状況の制約の中で有識者たちのさまざまな工夫と苦心の跡が見られ，内容的にもかなりすぐれた知見が含まれていた（たとえば，今日の道徳教育研究の中では完全に欠落してしまっている目標と内容区分との構造的な関連が強く意識されている点など）。しかし，当時の感情的政治的なイデオロギー対立によって，この内容について教育界の十分な合意形成が得られないまま，特設道徳の実施が早急に政策的に進められることになった。事実，当時の文部省は，特設道徳の実施を，改訂される『学習指導要領』の全面的実施にあたる1961（昭和36）年4月からと考えていたようであるが，実際には同年8月28日の『学習指導要領道徳編』の告示を受けて，同年9月1日から道徳の時間が，他の各教科の授業とは異なり，公式的に実施されることになった。その当時は，勤務評定問題，教育委員の任命制問題，教科書検定制度問題などを中心に，さまざまな点で政府側の文部省と教員の組合である日教組とが激しく対立した時代であったために，道徳の時間の早急な実施は教育政策的な意図から否応なく影響を受けていた。その混乱の中で，道徳の時間が教育学の学会や教員の組合からの強い反対を押し切って新設されることになった。たとえば，日

本で最大の教育学会である日本教育学会の教育政策特別委員会からも，1957（昭和32）年の『道徳教育に関する問題点（草案）』において，「教科特設が，従来の社会科，ひいては全教育課程の全体としてのねらいと構造に重大な影響を与えるものではないかと懸念される」，「内面性をいたずらに強調することが道徳を現実の政治や経済の動きの外で考えさせ，人びとを政治や経済の動きに無批判的に追随させる危険をはらむことを十分に警戒しなければならない」などという批判が示されていた。そうした特設道徳の誕生の経緯は，不幸なことに，後の道徳教育の実践にとって大きな影を落とすこととなったのである。

9．特設道徳の史的展開

　社会的・政治的な混乱の中で誕生した道徳の時間は，文部省に政治的に強制されたものであるという印象を，日教組を中心とする教師たちに強く与えることとなった。その結果，教育現場の反発や混乱もあって，当初は道徳の時間に取り組む学校も決して多くなかった。たとえば，文部省は，1958（昭和33）年の9月に『道徳指導書』を発行するとともに，9月から10月にかけて各地で道徳教育指導者講習会を開催したが，講習会の受講拒否や妨害が頻繁に起こった。したがって，そのような状況下では，道徳の時間を中心とする学校の道徳教育は，低調なものにならざるを得なかったのである。

　そのような状況の中で，1962（昭和37）年7月，池田内閣が発足した。池田勇人首相は，国民の倍増計画に代表される経済政策を打ち出すとともに，そのための人材育成，つまり学力の充実と道徳教育の徹底を図ろうとした。そこで，荒木万寿夫文部大臣は，教育課程審議会に対して，「学校における道徳教育の充実方策について」諮問し，翌年7月にその答申が出されている。その答申では，道徳教育の現状と問題点が指摘されたうえで，その具体的な充実方策も示されている。たとえば，「道徳的な判断力や心情を養い，実践的な意欲を培うために，児童生徒にとって適切な道徳の読み物資料の使用が望ましい」という記述がなされていた。この答申に基づいて，文部省は1964（昭和39）年から

1966(昭和41)年にかけて『道徳の指導資料』を発行し,道徳教育充実のための施策を継続していた。しかし,文部省の意図とは裏腹に,道徳教育の施策は,過去の経緯もあって学校全体の活動に十分に浸透するまでには至らなかった。

そのような状況が続いているうちに,1968(昭和43)年に小学校の『学習指導要領』,1969(昭和44)年に中学校の『学習指導要領』が告示された。この改訂の特徴は,時代の進展に対応した教育内容の導入を目指したものであり,いわゆる「教育内容の現代化」の流れを反映したものであった。そのために,教育関係者の関心は,自然科学系の教科内容の増加に向けられてしまい,結果的に道徳教育の充実への熱は冷めてしまった。とは言っても,道徳教育,とりわけ道徳の時間は,廃止や軽視されることもなく,前回の改訂内容を基本的に継承されるかたちで,教育課程上に明確に位置づけられた。ただし,修正された点をあげるとすれば,小学校の場合,前回の改訂のときには,第1章の総則に記載されていた道徳の時間の目標が第3章の道徳に移行されるとともに,前回の改訂のときにみられた具体的目標は記されることなく,またそれに伴った内容区分もされることなく,ただ32項目の内容項目が並べられていた(中学校の場合,内容項目ごとにさらに二つの項目が記されるかたちで,13項目の内容項目が並べられていた)。

次の改訂である1977(昭和52)年版では,「詰め込み教育」を改めるという意味で,「ゆとり」と「充実」という言葉がキャッチフレーズとして使用された。つまり,教育内容の精選が行われ,広い意味でのいわゆる「ゆとり教育」という流れはこの改訂版から始まることになる。そこでは,教育関係者の関心は教育内容の削減に向かう中にあって,道徳教育に関しては,大きな変更は見られなかった。つまり,比較的大きな変更をあげるとすれば,小学校の場合,1番から32番まで,32項目が内容として一括して示されたものが,少し修正されるかたちで1番から28番までの28項目に変更されたぐらいである(中学校の場合,内容項目が16項目であった)。

1989(平成元)年には,「個性の重視」などを主張した教育改革が叫ばれ,小学校と中学校と高等学校の『学習指導要領』が一斉に改訂された。この改訂

は，内閣に直属設置された臨時教育審議会の答申（1987（昭和62）年8月）をはじめ，教育課程審議会の答申（「幼稚園，小学校，中学校及び高等学校の教育課程の基準の改善について」1987（昭和62）年12月）の内容により強く影響を受けたものであった。教育課程審議会答申では，改善に向けた四つの柱が示され，その最初には，特に道徳教育に関連して，「豊かな心をもち，たくましく生きる人間の育成を図ること」が記されていた。

その答申に基づいて作成された『学習指導要領』では，道徳教育について言うと，その教育課程上の位置づけは，従来どおりで大きく変化を示すものではなかった。道徳教育の目標としては，「生命に対する畏敬の念」や「主体性のある」という文言が加えられるとともに，「豊かな体験を通して内面に根ざした道徳性の育成」が強調されていた。道徳の内容項目については，羅列的であるという批判を考慮して，四つの視点（「主として自分自身に関すること」，「主として他の人とのかかわりに関すること」，「主として自然や崇高なものとのかかわりに関すること」，「主として集団や社会とのかかわりに関すること」）からの再構成がなされ，一見して整然とした項目の配列が出現することになった。しかし，この四つの区分の仕方は，かつての昭和33（1958）年の『学習指導要領』とは異なり，目標と内容との関連性をまったく欠くものであった。それにもかかわらず，四つの区分は，その後の教育界では，まるでアプリオリのもののように受け取られ，何の疑問も呈せられることもなく，その後の改訂の際にそのまま引き継がれている。

平成10（1998）年には，平成14（2002）年度から実施予定の完全学校週五日制を踏まえて，「ゆとり」の中で「生きる力」の育成をねらった改訂が行われた。この改訂でも，道徳教育の充実が求められたが，その際に「生きる力」を育む「心の教育」の基盤となるものとして，特にその重要性が強調されることになった。また，この改訂における道徳教育を重要視するという姿勢は，従来は第3章に示されていた道徳教育の目標が第1章の総則のところに移行された，というところに最も顕著に現れている。なお，道徳の時間の目標については，第3章に従来どおり「道徳的実践力を育成する」と示されているように，変化

は見られなかった。

　内容項目については，先にも指摘したように，四つの区分はまったく変更なく，それぞれの区分における内容項目の文言が若干修正されるだけであった。ただし，小学校低学年と中学校においてのみ，その内容項目が一つずつ増えただけであった。その意味では，道徳教育の内容に関しての変更はほとんどなかったのである。そうした道徳教育のあまり変更のない静かな動きは，大幅に厳選された各教科の内容と比較すると，かなり対照的な現象であった。

10. 最近の動向

　ところが，2002（平成14）年，我が国の道徳教育にとっては，大きな出来事が起きた。「心の教育」という風潮を背景にして，文部科学省は『心のノート』という教材を全国の小中学生全員に対して無料で配布することになった。この教材は，教科書ではないという理由から，検定作業を経ることもなかったために，子どもたちへの配布は早急に進められた。そのような政策に対して，国定教科書ではないかという批判や，『修心書』という揶揄も現れた。それに対して，文部科学省は，『心のノート』を教科書ではなく，また従来の副読本でもなく，あくまでも「道徳教育の充実に資する補助教材」として活用するように促した。その『心のノート』の中には，「価値の明確化」理論で用いられる価値シートの手法をはじめ，さまざまなアメリカの心理学的手法や考え方が駆使されていた。

　2006（平成18）年には，我が国の教育界全体にとって，大きな出来事が起きた。それは教育基本法の改正であった。その改正は，道徳教育にとっても大きな影響を及ぼすものであった。なぜなら，教育基本法の第2条には，何よりも道徳的価値に直結するものが文章の中に散りばめられていたからである。たとえば，「勤労」や「公共の精神」をはじめ，「伝統と文化を尊重」することなどが含まれていた。こうした教育基本法の趣旨と，当時の中央教育審議会の答申を踏まえ，2008（平成20）年に『学習指導要領』が改訂されることになった。

そこでは，道徳教育の目標が示されている第1章総則のところに，「道徳の時間を要として」という文言が加えられて，道徳教育における「道徳の時間」の中核的な役割と性格がよりいっそう明確化されるとともに，特に教育基本法第2条の意を受けて，従来の道徳教育の目標に加えて，「豊かな心をもち」，「伝統と文化を尊重し，それらをはぐくんできた我が国と郷土を愛し」，「公共の精神を尊び」，「他国を尊重し」，「国際社会の平和と発展や環境の保全に貢献し」という文言が追加された。その結果，道徳教育の目標に関する文章は，次のように長文なものとなったのである。

　「道徳教育は，教育基本法及び学校教育法に定められた教育の根本精神に基づき，人間尊重の精神と生命に対する畏敬の念を家庭，学校，その他社会における具体的な生活の中に生かし，豊かな心をもち，伝統と文化を尊重し，それらをはぐくんできた我が国と郷土を愛し，個性豊かな文化の創造を図るとともに，公共の精神を尊び，民主的な社会及び国家の発展に努め，他国を尊重し，国際社会の平和と発展や環境の保全に貢献し未来を拓く主体性のある日本人を育成するため，その基盤としての道徳性を養うことを目標とする。」

　また，第3章道徳のところでは，小学校の場合，道徳の時間の目標として，「自己の生き方についての考えを深め」という文言が加えられ，小学生に対しても自己の生き方について深めることが求められている。そして中学校の場合，「道徳的価値及び」の文言の後に「それに基づいた」という文章が加筆され，道徳的価値をより強調した表現がなされている。

　内容項目については，この改訂でも，四つの区分はそのまま引き継がれ，大きくは変わっていないが，いくつかの項目が加えられている。すなわち，小学校の低学年では，「働くことのよさを感じて，みんなのために働く」というようなキャリア教育に関連する項目が，小学校の中学年では，自分の特徴に気付き，よい所を伸ばす」という個性の伸長に関連する項目が，中学校では，「多くの人々の善意や支えにより，日々の生活や現在の自分があることに感謝し，それにこたえる」という感謝に関連する項目が増加している。

　さらに，校長の方針の下に，道徳教育の推進を主に担当するという「道徳教

育推進教師」が新しく登場した。

　このように，2008（平成20）年の『学習指導要領』では，道徳教育の充実を図る意味で，より多くの要求事項が増加している。その中にあって，「豊かな心」をはじめ，個人の内面を自覚させようとする心理主義的な文言がよりいっそう加えられる傾向にある。この傾向は，昭和期から平成期にかわるあたり，つまり『学習指導要領』の改訂でいえば1989（平成元）年の改訂ころから次第にみられるようになり，今日まで続いている。その点については，第4章で詳細に検討することにする。

　なお，現在も，またこれからも道徳教育に関しては，さまざまな改革が叫ばれるであろう。その過程で，価値観の相違からいくつもの対立点が浮き彫りになるであろう。その際に，真摯な教育議論の中から，我が国にふさわしい道徳教育が創造されることを期待したいものである。

【主要参考文献】
新井郁男・牧昌見編『教育学基礎資料』樹村房，2008年
井ノ口淳三編『道徳教育』学文社，2007年
梅根悟監修『道徳教育史Ⅰ』講談社，1977年
梅根悟監修『道徳教育史Ⅱ』講談社，1977年
押谷由夫『「道徳の時間」成立過程に関する研究―道徳教育の新たな展開―』東洋館出版社，2001年
小寺正一・藤永芳純編『三訂　道徳教育を学ぶ人のために』世界思想社，2009年
唐澤富太郎『道徳教育原論』協同出版，1978年
田中圭治郎編著『道徳教育の基礎』ナカニシヤ出版，2006年
沼田裕之編著『＜問い＞としての道徳教育』福村出版，2000年
林泰成『新訂　道徳教育論』日本放送出版協会，2009年
福田弘『人権意識を高める道徳教育』学事出版，1996年
藤田昌士『道徳教育　その歴史・現状・課題』エイデル出版，1985年
村田良一・三浦典郎編著『道徳教育の研究』協同出版，1988年
吉田武男編『道徳教育の指導法の課題と改善―心理主義からの脱却―』NSK出版，2008年

吉田武男・田中マリア・細戸一佳『道徳教育の変成と課題―「心」から「つながり」へ―』学文社，2010年
吉田武男・相澤伸幸・柳沼良太『学校教育と道徳教育の創造』学文社，2010年

第3章

世界の道徳教育を眺めてみよう

1．各国の道徳教育の特徴とその背景

（1）イギリスの道徳教育

　イギリスの学校では、他の多くのヨーロッパ諸国と同様に、特別に「道徳教育」（moral education）と銘打った教育は、現在もほとんど行われていない。その背景には、敬虔なキリスト教徒になることでキリスト教の倫理を身につければ、あえて道徳教育は必要ないという考え方が横たわっているからに他ならない。それゆえに、用語としての道徳教育は、研究上は使用されるが、制度上はほとんど使われていないようである。したがって、イギリスの道徳教育は、基本的に「宗教教育」（religious education）を中心とするものとなっている（ただし、ここで言うところのイギリスの教育は、イギリスの全人口の8割を占めているイングランドの教育を主に念頭に置いている）。

　驚くべきことに、イギリスでは、1988年の教育改革法によって、公費維持学校における義務教育（5歳から16歳までの11年間）のカリキュラムは、それまでの地方教育当局にかわり、はじめて国が基準を定めることになった。ところが、宗教教育については、すでに1944年の教育法によって、あらゆる公立学校と私立学校に対して、特定宗派によらないキリスト教による「宗教教授」（religious instruction）として、それを実施することが唯一義務づけられていた。しかも、それ以来、一貫して宗教教育の具体的な指導要領に関しては、それぞれの地方教育当局がシラバスを作成することになっている。つまり、宗教教育はつねに

国の重要な教育施策であると同時に，実施にあたっては地域の特性が考慮されてきたのである。実際的には，宗派的な宗教教育を実施している私立学校をはじめ，すべての公立学校において，毎朝の礼拝や教科としての超宗派的な宗教教授が行われてきた。ただし，子どもの親の希望と合致しないときには，いわゆる「良心条項」に基づき，場合によっては希望する宗教教育を受けることも，あるいは宗教教育を受けないことも，信教の自由への配慮としてつねに認められてきた。

　そこで目指されている宗教教育は，キリスト教を信仰させるためでもなく，またキリスト教を含む諸宗教を理解させるためのものでもなく，あくまでも子どもの全面的発達を支援する人間形成的なものである。つまり，宗教教育は，人間として成長するうえで子どもにとって生涯的に必要不可欠な働きかけと見なされている。したがって，そこでの教育は，「生きた信仰の学習を通して人生への反省的取り組み方を発達させ，その過程を豊かにする」ような道徳教育的なものであり，特に個々人の単なる情緒的な心的次元ではなく，スピリチュアリティ（spirituality）という精神的次元とその発達を大切にしているのである。そのうえで，自己の行為に責任をもつこと，自分を大切にすること，他人の権利と自由を侵さぬことなど，いわば民主主義社会の生活様式や態度が重要視されているのである。そのような生活様式や態度を身につけるために，現実的には単に学校の宗教教育だけにゆだねるのではなく，学校生活はもちろんのこと，家庭や社会においても厳格な指導が行われている。特に，長い伝統をもつ全寮制の，いわゆるエリート層のパブリック・スクールにおける規律的な教育は，そのイギリスの道徳教育の特色を顕著に示すものである。そこでは，単なる知識教授ではなく，生活指導やスポーツによる人格陶冶が目指されている。

　ところが，近年になって，価値観の多様化により社会が世俗化してきたこともあって，従来の宗教教育的な道徳教育の在り方も見直されるようになった。つまり，宗教教育によらない，完全に世俗的な基盤に立つ道徳教育の試みが登場することになった。こうした試みの先駆的な役割を演じたのが，オックスフォード大学のマックフェイル（McPhail, P.）を代表者とする「ライフライン

計画」(1967～1972年) である。

「ライフライン計画」は，子ども（対象は主に11歳から16歳の生徒）の興味・関心を尊重しながら「よく生きる」ための道徳教育プログラムを構想したものであった。そこでは，子どもにとって身近な現実の問題や場面が主要な内容となっており，そこから討議を通して子どもは道徳的な当為を見つけ出すように指導されることになっている。つまり，徳目主義的な道徳教育や「教え込み」の方法は避けられているのである。なお，このプログラムは，あくまでも他の教科に組み入れて行うものであり，特定の道徳教育のための時間を設けて行おうとしたものではない。

なお，最近では，2002年から新しく必修科目となったシティズンシップ教育（citizenship education）は，道徳教育にきわめて関連するものである。そこでは，子どもを公的生活において実際的な役割を担えるようにするために，民主的な社会参加に必要な知識・スキル・技能を身につけさせることが目指されるとともに，民族的，宗教的，エスニック・アイデンティティを尊重することが促される。具体的には，子どもは，権利，責任，義務と自由，法，正義，民主主義などを学ぶことになる。つまり，現実の諸問題を取りあげ，それを議論の中で深めていく過程で，現実社会で生きていくうえで重要な概念や価値，さらには態度や行動を学ぶというアプローチがとられている。その意味では，道徳的価値を単なる個人の心の内面的な自覚としてとらえるのではなく，現実の社会的認識とのかかわりの中でとらえ直していくことが重要視されている点は，道徳教育の在り方を考えるうえで，大いに注目されてよいであろう。

また，最近では，このシティズンシップ教育としばしば連携して行われるPSHE(Personal, Social and Health Education：「人格的社会的健康教育」) という授業も，道徳教育を考えるうえで注目すべきものである。そこでは，子どもの社会的スキルの育成が目指されており，その教育の目的は，①子どもが自信や責任感をもてるようにすること，②自分の才能を最大限に生かす選択ができること，③能動的市民として役割を担うこと，④健康で安全な生活様式を身につけること，⑤よい人間関係を構築すること，⑥人々との違いを尊重する

こと，である。

　このPSHEの導入の背景には，1970年以降の社会的構造の変化や価値観の多様化によって家庭や地域の教育環境が激変し，従来的な宗教教育に依存しているだけでは人格形成や社会性の育成が不十分になったために，このような社会的スキルを育成するプログラムが必要となってきたのである。

（2）ドイツの道徳教育

　州によって若干の相違は見られるが，イギリスと同様にドイツでも，道徳教育は基本的に宗教教育を中心とするものである。ただし，イギリスでは，1944年の教育令によって，教育制度の大綱は示されていても，国全体としては教育の目的や内容にほとんど言及はなされていないのに対し，ドイツでは，道徳教育の内容にまで踏み込んだ規定が多くの各州に見られる。つまり，そこには，道徳教育に関しては個々人に完全に任されるべきものではなく，国家や各州や社会も大きな責任と役割をもつべきものである，という意識が強く横たわっているのである。ドイツ連邦共和国基本法を見ても，信仰や信条の自由が保障されたうえで，第7条（学校制度）のところで，「宗教教授（Religionsunterricht）は，公立学校においては，非宗派学校を除き，正規の教科目である」と規定されたうえで，「宗教教授は，宗教団体の教義に従って行うが，国の監督権を妨げてはならない」という規定がなされている。しかし，基本法の第4条において，基本的人権として「信仰および良心の自由ならびに信仰告白および世界観の告白の自由は，不可侵である」ということが保障され，第7条において，「教育権者は子どもの宗教教授への参加を決定する権利を有する」と規定され，さらには同じ第7条において，教員についても「いかなる教員も，その意思に反して宗教教育を行う義務を負わされてはならない」と規定されている。すなわち，ドイツでも，信教の自由は広く保障されている。

　現実のドイツでは，大部分の学校が公立学校である。その形態は，大きく三つに区分される。すなわち，宗派別学校，各派混合学校，世界観学校（実際にはほとんど存在していない）である。宗派別学校では，子どもは保護者の希望に

よってそれぞれ自己の宗派（プロテスタント，カトリック，ユダヤ教）の学校に通学して，その宗派の宗教科の授業を受けることになる。各派混合学校では，宗教科の授業のときだけ子どもは各派別のクラスに分かれることになる。なぜなら，先に引用した基本法の第7条において，「宗教教授は，宗教団体の教義に従って行う」と，規定されているからである。

　ドイツ全体の傾向としては，宗教科の授業は基礎学校段階では週2〜4時間，中等教育段階では週2時間程度となっている。そこでは，宗教的な絵画や彫刻，さらには教会や神聖な場所の訪問を織り交ぜながら，聖書の内容や教会史や信仰論などが指導される。そのようなキリスト教的な素材を取り上げる過程において，責任や人生や勇気などといった一般的な道徳教育上のテーマが扱われるのである。

　しかし，ドイツでは，道徳教育はすべて宗教教育に任せようとしているわけではない。たとえば，宗教科の授業に参加しない中等教育後期の生徒に対しては，「倫理に相当する科目」を必修化する州が増加している。また，ブランデンブルク州では，「生活形成・倫理・宗教」という教科領域が試行的に行われている。さらには，特定な教科としてではなく，学校生活の全領域で取り入れられるべきとした「社会的学習」（Soziales Lernen）において，道徳的価値が無意識のうちに植え付けようとする試みも，また初等教育段階の「事実教授」（Sachunterricht）という科目において，中等教育段階の地理，歴史，経済などの科目や「労働科」（Arbeitslehre）においても，道徳教育は加味されることになっている。

（3）フランスの道徳教育

　フランスの公立学校の道徳教育は，他の多くのヨーロッパ諸国と全く異なった様相を示している。

　1882年，文部大臣フェリによる改革以来，フランスでは公教育に宗教を持ち込まないというライシテ（laicite）の原則に基づき，公立学校から宗教教育は排除されており，それに代わって道徳・公民科（instruction morale et civique）

が設けられている。このような方式は、公立学校から歴史的な価値観の対立、すなわちカトリック信仰の立場と世俗的立場の対立を避けようとした結果である。つまり、宗教教育は、公立学校ではなく、家庭や教会に全面的にゆだねられていた。

したがって、フランスにおける学校の道徳教育は主に道徳・公民科で行われていた。低学年では、寓話やおとぎ話のような物語によって、良心を目覚めさせることが大切にされた。そして、学年が進行するに従って、格言や金言を素材にしたりしながら、次第に知的な教育が施されることになっていた。

しかし、その道徳教育は、それらの教科でだけではなく、他の教科でも考慮されていた。特に、教科の中でも国語教育で道徳教育は考慮されていた。つまり、そこで目指されているのは、フランスのすぐれた読本（文学作品）の講読を通じて、道徳的な心情ないしは感情を育成しようとすることである。ただし、そこで大切にされる指導は、中等学校段階では、国語科の作品を道徳教育の手段として用いるのではなく、それを繰り返し熟読していく過程で、それを創造した作者の心に触れさせるようにすることである。つまり、すぐれた文学性が、道徳教育に寄与するのである。その意味では、フランスというすぐれた文学の伝統が、狭い意味ではなく、広い意味での人間形成的な道徳教育に生かされている。

なお、フランスの約20％を占めるカトリック系の私立学校では、「神と隣人に対する愛」や「礼儀」などを強調した宗教教育が行われていた。つまり、そこでは、他のヨーロッパ諸国と同様に、宗教科の授業が設けられていた。

ところが、移民の問題、特にイスラームの社会的統合の問題、より具体的にいえばフランス生まれの移民の子ども（第二世代）への社会的差別、経済的格差の問題が表面化してくると、校内暴力のような若者の問題も多発するようになり、それに対処するために、フランスでもシティズンシップ教育（éducation à la citoyenneté）が盛んになってきた。フランスでは1985年に、「市民教育」（éducation civique）という教科が小学校とコレージュ（前期中等教育）に導入され、それをさらに活性化するために、1996年に、シティズンシップ教育の導入

が教育省で示された。ここでのシティズンシップ教育は,「市民教育」という教科を学校教育のカリキュラムの中心に据えて,すべての教員がその教育にかかわるというものである。1999年には,リセ（後期中等教育）において「市民・法律・社会教育」（l'éducation civique, juridique et sociale）が実施されるようになった。

（4）アメリカの道徳教育

アメリカでも,かつてはヨーロッパ諸国と同様に,宗教教育によって道徳教育を行うのが大前提となっていた。特に,植民地時代の学校教育では,宗教による道徳教育は教育内容の重要な位置を占めていた。とりわけ,東北部のニュー・イングランドの地方や中北部の地方は,そのようであった。もともとアメリカ合衆国の建国が,信教の自由を求めて海を渡った102名のピューリタンに始まるのであるから,道徳教育とかかわって,教育における宗教つまりキリスト教の重視は至極当然であった。

ところが,時代の進展に従って学校教育,とりわけ公立学校における教育では,宗教的な色彩が弱められるようになった。この原因は,植民地時代以来の公教育における宗派間の対立である。そのために,学校教育の世俗化が図られ,法規の面では,宗教と教育の分離が求められた。それによって,宗派的な宗教教育は学校教育から排除されるようになった。

しかし,アメリカはもともと地方分権の強い国である。したがって,教育に関しても,各州や地方学区の権限は大きく,教育制度や教育課程などについても,それらの間でさまざまな相違が見られる。道徳教育についても同様である。しかし共通しているところもある。すなわち,アメリカの公立学校では,特別の教科や時間は,道徳教育のために設けられておらず,あくまでも世俗的な道徳教育は学校の教育活動全体を通じて行われることになっている。とりわけ,教科の中では,社会科（social studies）や公民科（civics）の果たす役割が大きいとされている。そうした世俗的な道徳教育も,1960年代からアメリカ全体で大きな変革を見せるようになった。

1960年代のアメリカでは，ベトナム戦争による社会不安や反人種差別運動の活発化，さらには60年代後半になると女性解放運動のデモが各地で起きるなど，アメリカの既存の価値に対する懐疑や混乱が社会的に広がった。そのような情況の中で，絶対的な価値を教えるような道徳教育は，自信喪失状態になった。そこで，諸価値を教え込むことなく，子どものもっている自分の諸価値を明確化するような道徳教育の理論と実践が生み出された。ラス（Raths, L. E.）らによる「価値の明確化」理論がそれである。

　この「価値の明確化」理論は，価値中立性を守れる点で，1970年代にはかなり好意的に教育現場で受け入れられたが，やがて価値相対主義に陥る点で，批判されるようになった。その批判を吸収するかのように登場してきたのが，コールバーグの考え方である。彼の道徳教育理論，とりわけモラル・ジレンマ・ディスカッションは注目を浴びた。1990年代，アメリカにおいては，このようなアプローチによっては，教師の指導性は発揮され得ないことなど，いくつかの批判が浴びせられ，価値内容を直接的に教授する必要性を説く人格教育（character education）が登場した。その代表的な人物が，ロジャース（Rogers, C. R.）の「非指示的アプローチ」や「自尊心」などを重視する理論について，道徳に対して完全に主観的・相対的なアプローチに陥れたものとして厳しく批判していたキルパトリック（Kilpatrick, W.）である。彼は，ラスらの価値明確化理論やコールバーグの道徳教育論などを「自己決定」の方法と呼び，子どもの道徳性を希薄なものにしたとして痛烈に批判した。その対案として，彼は人格教育を主張した。この人格教育は，1990年以降において急速にアメリカで普及することとなった。

　特に，薬物事件や性犯罪の発生件数などにおいて日本以上に深刻であるアメリカでは，クリントン政権（1993-2001年）とブッシュ政権（2001-2009年）時代に，人格教育のための多額の公的資金が拠出され，人格教育の重要性が周知されることとなったのである。

（5）韓国の道徳教育

　日本の植民統治下にあった1910年からの35年間について言うと、当時の韓国（朝鮮）では日本と同じように、修身科が筆頭科目となり、修身教育が行われていた。その意図は、単なる道徳教育という役割を担うだけでなく、朝鮮人を日本化するための思想教育的役割を担っていた。しかし、第二次世界大戦後は、アメリカ軍政庁によって、日本的な軍国主義に抵触する教育内容は一掃されることになり、1945年9月には修身科が廃止され、民主的公民の育成を目指した公民科が新設された。ところが、その翌年には公民科は社会生活科に変更され、第1次教育課程が告示される1955年には、道義教育領域として提示されるだけに終わり、1963年の第3次教育課程には、「反共・道徳」という領域が設けられた。さらに、1973年の第3次教育課程には、教科としての道徳科が新設され、その後の1998年の第7次教育課程まで継承され、その位置づけには変わりはない。ただし、第6次教育課程の1991年以降は、小学校の第1学年と第2学年の道徳科が廃止され、基本的な生活習慣と、礼儀や規範の習慣化を重視する「正しい生活」という教科に、名称が変更された。

　1998年の第7次教育課程を見てみると、道徳教育に関して、小学校の第1学年と第2学年では「正しい生活」という教科が、高等学校の第2学年と第3学年では選択教科の「市民倫理」、「倫理と思想」、「伝統倫理」が、その間の小学校3学年から高等学校第1学年まで、道徳科が設けられている。その道徳科は、教科の中では国語科の次の教科としての位置づけであり、国家政策としてきわめて重要視されている。したがって、使用される教科書も国定である。

　道徳科の目標については、まず総括的な目標として、規範や礼節を体得し、合理的な判断力や市民意識、国家・民族意識を育成することが掲げられている。それを受けて、下位目標が四つの視点から記されている。

　また、道徳科の内容については、「個人生活」、「家庭・近所・学校生活」、「社会生活」、「国家・民族生活」という四つの領域が示され、それぞれに教えるべき主要価値が記されたうえで、学年ごとに道徳的価値（徳目）があげられている。主要価値について言うと、「個人生活」では、生命、誠実、正直、自

主，節制が，「家庭・近所・学校生活」では，敬愛，孝道，礼節，協同，愛校・愛郷が，「社会生活」では，遵法，他人への配慮，環境保護，正義，共同体意識が，「国家・民族生活」では，国家愛，民族愛，安保意識，平和統一，人類愛が提示されている。

さらに，道徳科の方法については，認知的領域と情意的領域と行動領域の有機的な関連による指導が強調されているということは大きな特徴である。また，最近の特徴としては，アメリカの影響を受けた人格教育の理念と方法が導入されている。

韓国では，政治状況の変更に連動して教育課程の改革が行われてきた。したがって，その時代状況によって，道徳科の内容は大きく変化してきた。しかし，その中にあって，一貫して道徳教育の重視の姿勢は継承されてきている。そこには，儒教文化圏という背景もあるが，1949年に制定された教育法の第1条に，「教育は公益人間の理念の下，すべての国民をして人格を完成し，自主的生活能力と公民としての資質を具有させるようにし，民主国家発展に奉仕し，人類共栄の理想実現に寄与させることを目的とする」と記され，道徳教育的な理念をかかげていることも見逃すことができない。特に，そこに記された，他の人のために利することをなす，すなわち利他精神を表す「公益人間」という言葉は，韓国の道徳教育の源泉であるといえよう。ただし，残念なことに，この言葉が，歴史的な変遷過程において単なる建前になっていた時代もなかったわけではない。

(6) 中国の道徳教育

「仁」の思想を中核とした儒学（原始儒学）をみれば明らかなように，孔子は政治と道徳との合致を主張し，政治の倫理化を説いた。したがって，儒教文化圏である中国では，単なる政治体制だけの問題ではなく，長い歴史的な思想文化の影響もあって，道徳と政治は緊密な関係にある。「徳治」という用語は，まさにその象徴的な言葉である。それゆえ，多くの道徳的規範はしばしば政治信条になりやすく，道徳は社会の安定を維持し，有効に実行する統治手段とな

る。そのために，道徳教育に関する教科は，小学校・中学校・高等学校の各教科の中でつねに筆頭教科として位置しており，道徳教育は，一時的な変化が見られたこともあったが，現在まで一貫してその重視の姿勢に変化はない。その姿勢は，毛沢東の「われわれの教育方針は，教育を受ける者を徳育，知育，体育の諸方面ですべて発達させ，社会主義の自覚と教養を身につけた労働者にすることである」(1958年)という言葉にとりわけ徳育が知育と体育より前に位置づけられるところに象徴的に見られるように，道徳教育は最も重視すべきものとされているといっても過言ではないであろう。その際の基本的な目的としているものは，1949年の「中国人民政治協商会議共同要領」第42条の「祖国を愛し，人民を愛し，労働を愛し，科学を愛し，公共財産を愛護することを，中華人民共和国全体の国民の公徳とすることを提唱する」と記されている，「五愛」の精神の体得であった。また，その目的を達成するための学校の指導方法は，従来の教え込みの方法であった。

　しかし，中国では，1966年から1976年にかけての文化大革命を経て，1978年の改革開放以降，異文化のさまざまな価値観や世界観が流れ込み，急激な社会変化が訪れることになった。そのために，旧来の伝統的な価値観や世界観に基づくだけでは，道徳教育は，青少年の道徳的な荒れに対する有効な方策にもなり得ないばかりか，とても変化する社会に順応できるような人間を育成できなくなってしまった。そのような状況の中で，1986年に法的に義務教育は保障されるようになり，1999年には，試験の点数を重視する「応試教育」(受験教育)から，道徳教育を充実し，子どもの精神，実践能力創造に重点を置いた「資質教育」(原語は「素質教育」)への変更が行われた。換言すれば，その特徴は，知育を重視する教育から，徳育・知育・体育・美育の全面的な発達を促す教育への転換である。そして2001年に「基礎教育課程改革綱要」が試行されるようになり，道徳教育の関連科目も大きな変化を遂げた。すなわち，小学校においては，「思想品徳」から，子どもの生活を基礎にして，良好な品徳・行為の習慣化を目指す「品徳と生活」(1学年と2学年)と，良好な品徳と社会性の発達を促す「品徳と社会」(第3年から第6学年)に，また中学校においては，「思

想政治」から、私と集団・国家・社会との関係などをとり扱う「思想品徳」という科目名になった（高等学校では「思想政治」という科目である）。

中国では、このような道徳教育に関連する科目が小学校から高等学校まで設けられており、しかも日本でいう社会科の内容と完全に融合したようなものになっていることが大きな特徴である。つまり、日本のように、道徳の時間の内容が生活科や社会科と併存・関連するものではなく、道徳の内容が社会科的な内容とわかちがたく一体となっているのである。そこには、共産主義社会を標榜する現在の中国の姿、および儒教的な徳治を理想とした過去の中国の姿が、カリキュラムの中に垣間見られるのである。

2．道徳教育の諸理論とその背景

（1）デュルケム

19世紀のフランスは、公教育における宗教の分離が制度的に確立していく時期であり、「宗教的ドグマや戒律によって権威づけられぬ道徳教育は可能であるのか」という問題が国民の大きな関心事になっていた。その時代に、社会学を構築したデュルケム（Durkheim, É.）は、フランス国民のために世俗的道徳教育の確立を目指し、その成果を『道徳教育論』に著した。彼は、宗教に隠された道徳的実在を得るために、道徳を一つの事実として観察し、その本質的要素を三つ取り出すことに成功した。すなわち、第一に「規律の精神」、第二に「集団への愛着」、第三は「意志の自立性」である。

まず、第一の「規律の精神」については、デュルケムによれば、道徳の根本要素は、「人間の行為に規則性を与えること」であるために、道徳的規則は、「内部の衝動に駆られて欲望のおもむくままに振る舞うのではなく、努力をもって行動することをわれわれに教える」という。したがって、「規律の精神」は、「あらゆる道徳性の第一義的な基本心性」として位置づけられるとともに、道徳性は、単なる習慣の体系ではなく、外側からの命令の体系となる。

第二の「集団への愛着」については、デュルケムによれば、道徳の規則に

よって命令される行為は，非個人的な目的を追求するという性格を有しており，「われわれは社会的存在である範囲においてのみ，道徳的存在でありうる」という。つまり，道徳は社会集団とのかかわりの中でつねにとらえられなければならないのである。その意味で，「集団への愛着」は，必要不可欠な要素となる。

第三の「意志の自立性」については，デュルケムは「われわれが規則を自発的に欲することによって演ずる積極的役割のために，この受動性は同時に能動性へと転化する」と強調するように，自由意志による受容が重要な要素となっている。

簡潔に言えば，これらの三つの重要な道徳律を子どもに教授することが，デュルケムにとっての道徳教育である。その意味では，彼の道徳教育論における指導方法は，大切な道徳内容を教えるという特徴を有する点で，インカルケーション的なアプローチを前提にするものであると言える。

（2）フロイト

道徳性の発達については，しばしばその端緒として取りあげられる人物に，フロイトがあげられる。フロイトは，人間の無意識的な領域を発掘したということで，精神分析の創始者として知られるオーストリアの精神科医である。彼については，我が国では，性の衝動（リビドー）に着目し，人間の行動を性で説明しようとしていたために，少し誤解された人物像が広く流布されているように思われるが，彼自身は，むしろ自分の女性患者と肉体関係をもつような弟子のユング（Jung, C. G.）とは対照的に，生涯にわたって公私共々実直過ぎるくらい実直な人物であった。当初，フロイトの精神分析理論は，ヒステリーや神経症の病因論と治療法として生まれたものであったが，次第に人間の精神構造に関する理論として発展した。その中でも，道徳性の発達に関してのものは，注目に値する。

たとえば，近代の哲学者カント（Kant, I.）は，道徳性としばしば置き換えることのできる人間の内なる良心を所与のものとしてとらえ，それへの働きかけ

を考えた。それに対して、フロイトは、子どもが両親との「同一化」を通して両親の命令や禁止を「超自我」というかたちで内面化してゆくプロセスととらえ、そこに道徳の発生のメカニズムを見いだした。結局のところ、社会の中の道徳的な規範が両親という代理人を通路として子どもに媒介され、刻印されるというわけである。フロイトによれば、道徳性を身につけるというのは、威圧的な禁止や命令などの規範が心の中に住みつくことであり、端的に表現すると、いわばその住処が、精神分析でいうところの「エス」と「自我」と「超自我」のうちの「超自我」に当たるのである。つまり、「エス」は欲望を満足させようとするものであり、「自我」は本来的な主体であり、「超自我」が「エス」の欲望を調整する「道徳の権化」の役割を果たすことになる。彼によれば、その「超自我」は、エディプス・コンプレックスの消滅する5歳頃に形成されるという。

　もう少し具体的に諸相をいえば、子どもの欲望は他者によって抑制される。子どもはそのような過程でその抑制を身につけながら、社会的な道徳を内面化することになる。それによって、子どもは社会の一員となっていくというものである。

　フロイト以降、いくつかの分派ができることになるが、フロイト派の精神分析による道徳性の発達理論の特徴は、基本的に、外界の規律や規範を内面化する過程として説明するところにある。そこでは、精神分析の用語を使っていえば、道徳性の自律は、「エス」の欲求を自分の中で次第に「超自我」による抑制に置き換え、内的な欲求と外的な規律との折り合いをつけられるようになることであり、実際的な言い方をすれば、他者に依存しながら他律的な行動様式を身につけ、次第にその状況から脱皮して自らの力で行動できるようになることである。

(3) ピアジェ

　いわば、フロイト派の道徳性の発達理論に関連して、それを科学的な観察調査にさらに発展させたのが、スイスのピアジェ (Piaget, J.) である。彼は、認

識論を，人間における認識の発生の問題を科学的に解明しようとした。そこには，子どもの発達を十分に咀嚼しないデュルケムの道徳教育論への批判の立場が明確に出ていた。また，彼の研究は，フロイトのように，治療に重きを置くものでもなければ，成人の観察から子どもの発達を洞察するものでもなく，あくまでも子どもを直接的な観察対象にした，アカデミックなものであった。

ピアジェが道徳性の発達を探究するために用いた材料は，マーブルゲーム（日本でいえば，おはじきのようなもの）と呼ばれる遊びである。彼は，遊ぶ子どもたちに質問することで，規則の実践と規則の意識について，子どもの段階的な発達を想定した。

まず，規則の実践については，自分の欲望のままにマーブルで遊ぶ「運動的個人的段階」，規則の例を模倣しだすものの，友だちがいても自分流に遊ぶ「自己中心的段階」（およそ２歳から５歳），友だちとともに遊び，友だちに勝とうとする「協同が生まれる段階」（およそ７，８歳），真に規則を尊重する「規則の制定化の段階」（11歳から12歳）が想定された。

また，規則の意識については，規則は拘束力を持たない「個人的な規則しかない段階」，規則は大人から与えられる神聖なものと考えて「規則を絶対的なものととらえている段階」（４歳から９歳），規則は相互の合意に基づくものであるために「規則を変えることができると考えている段階」（10歳以降）という３段階が想定された。

これらの考察から，ピアジェは，次の２点を明らかにした。すなわち，第一に，子どもの道徳には，大人や権威者に従う「拘束の道徳」と，自分たちで修正可能な「協同の道徳」という２種類のものがある。第二に，この２種類の道徳は，知性の発達を即しながら前者から後者に進化するものである。したがって，ピアジェにあっては，子どもは自己中心的な無道徳の段階から，他律の道徳の段階を経て自律の道徳の段階に発達するというのである。

しかし，ワロン（Wallon, H.）は，そのような知性の発達を基調とするような道徳性の発達を厳しく批判した。ワロンによれば，子どもは最初から社会的存在であり，生まれたときから人間との情緒的な関係の中に存在しているが，

ピアジェの見解には，このような関係論的・情緒的な視点が抜け落ちているというのである。この指摘は，認知心理学者ピアジェの道徳教育論の弱点をみごとに言い当てていたのである。

(4) デューイ

デューイ (Dewey, J.) は，ヘルバルト主義的な人格教育 (character education) の全盛期であった1890年代のアメリカにあって，こうした時代風潮を厳しく批判して，子どもの生活や経験に重きを置く道徳教育論を主張した。

デューイによれば，「道徳的観念 (moral ideas)」と「道徳についての観念 (ideas about morality)」は明確に区別され，後者のものを教え込む教育は，形式的で非現実的な認識にとどまるという理由で批判されるべきものである。あくまでも，デューイは，行動の指針として働く「道徳的観念」の獲得を重視し，それを行為にまで導けるような道徳的人格の形成にこだわったのである。そのためには，彼は，特別の時間の中で道徳について教える「直接道徳教授 (direct moral instruction)」ではなく，学校生活におけるあらゆる道具と教材，さらには教師の人格を通じて，つまり間接的な指導を通じて人格形成を図る「間接道徳教授 (indirect moral instruction)」を奨励した。その点は，「教師自身の人格，学校の雰囲気と理想，教授の方法，あるいは教える教科が細部に至るまで，知的な学習成果をそれが行動を動かす力になるほど人格と生き生きと結合させる」という彼の言葉に如実に表れている。そこには，学校は民主的で進歩的な良き社会人を育成するという社会精神 (social spirit) で満たされているところであり，したがってそこでの道徳教育の目的は，子どもに実際的な社会生活の準備をさせるものである，という彼の基本的理念が貫かれている。それゆえ，デューイにあっては，行為の規則を古い慣習に置く「慣習的道徳」よりも，理性や思考などを含む何らかの原理に訴える「反省的道徳」が主体的な自己を再創造する点で重視されるとともに，内省的方法によって良心を涵養させようとするような授業は，自らの感情を見張る病的な良心を身につけかねない点で，あるいは感情や動機を過度に詮索する内罰的な人間，および病的なまでの意識

過剰な人間などをつくり出しかねない点で、きびしく批判されるべきものであった。このような立場から、彼は道徳的問題を認識し、それを現実的に解決できることを目指した問題解決型の道徳的アプローチを主張することになった。こうした彼の考え方は、社会生活とつながった現実的な道徳の習得にとってきわめてすぐれたものであったが、我が国において道徳の時間を設置しようとする時代にあっては、必要以上に批判される対象になってしまった。そのため、現在においても、デューイの道徳教育論は、「はいまわる経験主義」として、特設道徳や道徳科というような道徳授業を重視する道徳教育の専門家のあいだでは、きわめて低い評価を受ける傾向にあると言ってもよいであろう。

　もちろん、評価については賛否両論があると思われるが、デューイの道徳教育論の問題点を客観的にあげるとすれば、「社会的なもの（the social）」と「道徳的なもの（the moral）」とを明確に区別できていないという曖昧さとともに、絶対的な「神」や不可知のようなものは深く探究されておらず、人間性と社会に対する限りない信頼、さらに言えばそれらに対するほとんど信仰に近いようなものが強く出ているところである。その点は、彼の思想的基盤となっている現実的・実用的なプラグマティズム哲学に起因していると言えよう。

（5）ラス，ハーミン，サイモン

　アメリカの大学人であったラス（Rath, L. K.）らは、1960年代から1970年代におけるアメリカ社会の激しい変動の中で、デューイやロジャースの価値論に基づき「価値の明確化（Values Clarification）」と呼ばれる価値教育・道徳教育のアプローチを提唱した。特に、この時期のアメリカでは、ベトナム戦争や冷戦による影響は大きく、アメリカ社会における伝統的な価値や文化の絶対性が揺ぎ、諸価値をめぐる混乱と対立が深刻化していた。このような社会情勢の中にあって、ラスらは、その中で混乱する子どもたちが自分で価値の混乱中をうまく切り抜けることができるように援助するにはどうすればよいかを考えたのである。

　ラスらは、子どもに価値を教えることよりも、「価値づけの仕方」を学ばせ

ることに重点を置き，価値を獲得するために用いられる次のような三つの過程と七つの基準を強調した。

・選択すること：① 自由に
　　　　　　　　② 選択肢の中から
　　　　　　　　③ 各々の選択肢の結果についての十分な考慮の後で
・尊重すること：④ 大切に，その選択に幸福感を抱きつつ
　　　　　　　　⑤ その選択を進んで他の人に対して肯定できるくらいに
・行為すること：⑥ その選択したことを行うこと
　　　　　　　　⑦ 人生のあるパターンになるまで繰り返すこと

　具体的な方法は，対話による方法としての「明確化の応答」(clarifying response)，書くことによる方法としての「価値のシート」(values sheets)，討議による方法などである。

　このような「価値の明確化」の過程をより洗練した代表的人物が，ハーミン(Harmin, M.)の弟子であり，ラスから見れば孫弟子にあたるカーシェンバウム(Kirschenbaum, H.)である。彼は，「価値の明確化」にカウンセリング・スキルを用いた過程を取り入れ，次の5段階に分類した。すなわち，「考える」の次に，「感じる」と「コミュニケートする」を追加し，続けて「選ぶ」「行う」とした。それによって，過程主義がより徹底されることになった。実は，我が国の学校現場に「価値の明確化」の理論と方法はやがて紹介されることになるが，それらの内実は，ラスやハーミンやサイモン(Simon, S. B.)らのものというよりも，むしろカウンセリング・スキルを重視したカーシェンバウムのものにすり替えられていた。

　このような「価値の明確化」は，価値中立主義という立場での道徳教育を求めていた教師たちに強くアピールするものであり，アメリカでも，また遅れて日本でもその実践は試みられた。特に，既成の価値観の教え込みを否定し，子どもの自己決定を最大限に尊重する姿勢は画期的なものであり，高く評価されるべきものであった。しかし，1980年代のアメリカでは，「価値の明確化」理論の根底にある価値相対主義の限界がきびしく指摘されるようになった。

(6) コールバーグ

　コールバーグの道徳教育論は，前出のラスらの「価値の明確化」理論とほぼ同時期に登場した。そのこともあって，ラスらと同じくコールバーグもまた，諸価値の混乱と対立にどう対処すべきかを課題としていた。また，コールバーグ（Kohlberg, L.）も，アメリカにおける伝統的な道徳教育の方法である価値の教化（inculcation）に対して，これが教え込み（indoctrination）に陥っているとして批判的な立場を取っていた。そのような点で，両者の理論は一方において共通している。しかし他方においては，コールバーグは，ラスらは倫理相対主義に陥っているために，価値をめぐる問題への対処法として，彼らの理論と方法では不十分と見なした。そのうえで，アメリカの発達心理学者であったコールバーグは，デューイの教育理論を参考にしながら，自らの心理学理論に基づく道徳教育論を展開することになった。彼は，当時のアメリカにおいてあまり省みられていなかったピアジェの認知発達理論などを基盤にして，3水準6段階からなる道徳性発達段階理論を提唱した。ピアジェの道徳性発達理論は他律から自律へという幼児期から児童期前期までの子どもの発達を記述したが，コールバーグはこれをさらに進めて，成人に至るまでの道徳性発達の筋道を以下のように定式化した。

　　水準Ⅰ．前慣習的水準
　　　〔第1段階〕罰と従順志向（他律的な道徳）
　　　〔第2段階〕道具的相対主義（素朴な自己本位）志向
　　水準Ⅱ．慣習的水準
　　　〔第3段階〕他者への同調，あるいは「良い子」志向
　　　〔第4段階〕法と秩序志向
　　水準Ⅲ．脱慣習的水準
　　　〔第5段階〕社会的契約，法律尊重，および個人の権利志向
　　　〔第6段階〕普遍的な倫理的原則（良心または原理への）志向

　このような考え方にあっては，道徳的判断の形式，つまりどのように判断したのかという内容ではなく，なぜそのように判断したのかという理由づけ

(reasoning)が重要視されている。コールバーグは，道徳性の発達を，より多くの規範を知りそれを内面化させるというように量的にとらえるのではなく，自他の関係に関する認知構造の質的な再組織化としてとらえた。そのとらえ方は，道徳的価値の自覚，すなわち道徳的価値を子どもに教え，それを内面化することで道徳性がはぐくまれると考える，日本の道徳教育界の常識とはまったく異なるものである。コールバーグにあっては，認知的刺激を与えることによって，認知構造の変化が促され，それが道徳性の発達段階を上昇させることになるというのである。つまり，既存の認知構造によっては処理しきれない認知的葛藤（不均衡）が均衡化される過程で，道徳性の発達が促進されるというのである。その認知的葛藤を起こさせるものが，どのようにすればよいか迷わせるジレンマ・ストーリーであり，またそれを議論させる過程である。そこでは，子どもの個性や経験を尊重し，子どもが自分の価値観に基づいて自己決定することが求められている。その意味では，コールバーグの道徳教育論は，「価値の明確化」理論と共通しているが，「価値の明確化」理論のように価値観の差異をただお互いに寛容に認め合うだけでなく，明確な評価基準を設定することによって，道徳性の発達状況を確認しながら，発達を促そうとするものであった。

　しかし，やがてコールバーグは，自らの理論に対して欠点を見いだすようになった。この理論は確かに，子どもの道徳的判断を発達させることに十分な効果を有していたものの，発達段階理論の検証の中である程度示されていた，発達するほど自らの道徳的判断に従って行為するようになるという結果を，もたらすことができなかったのである。発達段階とその測定法を修正していくなかで，成人するまでに脱慣習的水準に到達することはほとんどないということも明らかとなった。それゆえ，コールバーグは，子どもの道徳的行為の変容に影響を及ぼすような取り組みの必要性を自覚するようになった。

　そこで晩年のコールバーグが着目したのは，人が道徳的判断を下す際に属している集団や制度の環境，さらに言えば「道徳的雰囲気（moral atmosphere）」である。それを作り出すために，コールバーグは，学校を教師と生徒による直

接民主主義による自治組織に再構成しようとした。それが，彼の提唱した「ジャスト・コミュニティ・アプローチ（just community approach）」であった。そこでは，教師は，ジレンマ・ディスカッション（dilemma disscussion）における議論の促進者としての役割に加え，生徒に向けてコミュニティの価値を伝える「唱道者（advocate）」としての役割も求められるようになった。

（7）リコーナ

　ラスらの「価値の明確化」理論とコールバーグ道徳教育論は，1960年代から1980年代にかけてのアメリカにおいて興隆を誇っていたが，諸々の批判や実践上の困難によって次第に下火になっていった。既述したように，そうした批判の中でも，キルパトリックの批判は痛烈なものであった。彼は，両者の理論をともに「自己決定」の方法と呼び，その方法に代わるものとして，アメリカにおいて長い歴史的伝統を有する人格教育に立ち返るべきであると主張した。1990年代になると，この人格教育は，政府の援助もあって，急速にアメリカにおいて広まった。しかし，人格教育と言っても，さまざまな立場のものが存在していた。その中でも，理論的な根拠を確実にもちながら，ラスらの「価値の明確化」理論やコールバーグの道徳教育論などをいたずらに批判するのではなく，学ぶべき点は学びながら，総合的に人格教育を実践しようとしたのが，ニューヨーク州立大学コートランド校において「第四と第五のRのためのセンター」を主宰していたリコーナー（Lickona, T.）であった。彼は，従来の読み（reading）・書き（writing）・計算（arithmetic）の3R'sに尊重（respect）と責任（responsibility）という第四と第五のRを加えて，これらを身につけさせる道徳教育のアプローチを提唱した。

　リコーナの人格教育論では，子どもに正直や忠誠や責任などの諸価値を教えることが前提とされている。そのうえでリコーナは，普遍的な道徳的価値概念を子どもに教えるべきであると主張した。彼によれば，そうした道徳的価値概念とは，人によって受け入れるかどうかが自由な宗教的な価値概念のようなものではなく，たとえば世界人権宣言の根底にあるような基本的な価値概念を指

しており，アメリカの公立学校で教えることができ，またそうすべきものであった。それは，読み・書き・計算の3R'sに継ぐ，第四，第五のRとしての尊重と責任であったのである。

リコーナは，その他にも子どもに教えるべき諸価値を尊重と責任との関係であげながらも，それらの価値を単に思考で把握するだけでなく，それらの価値を行為で繰り返しできるような習慣にまでしなければならないと考えた。そのためには，よい行為を繰り返しできるような学校コミュニティの形成が重要な鍵となる。このような視点から，リコーナは，学校の教育活動全体における人格教育の効果的な指導法として，次に12の総合的なアプローチを主張するのである。

① 教師は，思いやりの実践者，模範となる人，助言者として行動する。
② 思いやりの心に満ちた教室コミュニティを創造する。
③ 道徳規律を実践する。
④ 教室で民主的な雰囲気を育成する。
⑤ カリキュラムによって徳を教える。
⑥ 協力学習を教える。
⑦ 技の良心を育成する。
⑧ 倫理的に考えることを奨励する。
⑨ 争いの解決方法を考える。
⑩ 教室を越えて思いやりの態度を育成する。
⑪ 学校に道徳文化を創造する。
⑫ 親や地域社会の人々に人格教育のパートナーとして参画してもらう。

リコーナによると，これらのうち，①から⑨までの方策は教室を基盤にしたものであり，⑩から⑫までは，学校全体を基盤としたものである。これらの方策は，他の諸理論を巧みに「つぎはぎ」しているようにも見えるが，教師に対して豊かな実践方法を提示してくれるものとなっている。

(8) その他の理論

　以上見てきた理論以外にも，道徳および道徳教育にかかわった重要な理論は，数多くの先人によって提示されてきている。西洋では，古くは，「無知の知」を出発点として，助産術によって人々に自らの無知を自覚させ真の知の探究，ひいては徳の知に向かわせようとしたソクラテス（Sōkratēs）をはじめ，「徳は教えられうるか」という主題に取り組み，「四元徳」（勇気・知恵・節制・正義）や「善のイデア」を説いたプラトン（Platōn），思考の徳は教示によって，性格の徳は習慣によって獲得されると見なしたアリストテレス（Aristotelēs）が，東洋では，「己の欲するところに従って矩こえず」と語った孔子が，すぐにでもあげられるであろう。それ以降，西洋では，「四元徳」に信仰・至愛・希望を加えた「七元徳」としたトマス・アクィナス（Aquinas, T.）や「あなたの意志の格率が常に同時に普遍的な立法の原理として妥当しうるように行為せよ」という定言命法を説いたカントをはじめ，スピノザ（Spinoza, B.），ライプニッツ（Leibniz, G. W.），ロック（Locke, J.），フィヒテ（Fichte, J. G.），シェリング（Schelling, F. W. J.），ヘーゲル（Hegel, G. W. F.），また東洋の中でも日本に限定しても，「悪人成仏」の思想を説いた親鸞をはじめ，貝原益軒，伊藤仁斎，荻生徂徠，山鹿素行など，あげれば枚挙に遑がないくらいの人物たちが道徳について語っている。したがって，以下では，20世紀以降において，現在の道徳教育の方法を考えるにあたって特に重要であると思われる人物の理論のうち，本章で取りあげきれなかったものを，補足する意味で，いくつかをあげて簡単に説明する。

　まず，イギリスに目をやれば，ピータース（Peters, R. S.）とウィルソン（Wilson, J.）があげられる。ピータースは，分析哲学の系譜を引く研究者であるため，彼の道徳教育論は理性主義を基軸として展開されている。彼にあっては，理性（reason）が着目され，特に理性のもつ「感光性（sensitization）」が重要視されている。また，ウィルソンは，「道徳的に教育された人間」という概念を分析して，道徳的構成要素を明らかにした。彼にあっては，道徳教育の目的は，子どもの道徳的構成要素すべてを発達させることになる。そこで提示

されている道徳的構成要素は，分析哲学に特徴的な概念分析によるものであった。たとえば，「他者を平等なものと見なすこと，他者の利害を等しく重要なものと見なすこと」，「他者が何を感じ，何が彼らの利害なのかを知る能力」などである。その意味では，道徳的価値の伝達や内面化を目指すような道徳教育論とは，根本的に違うものであると言えよう。

　また，アメリカに目をやれば，コールバーグの道徳教育論を批判するギリガン（Gilligan, C.）とノディングズ（Noddings, N.）があげられる。女性の心理学者ギリガンは，女性の道徳性発達段階が男性に比べて低いと結論づけたコールバーグに対して，指標それ自体に問題があるとして，厳しく反論した。ギリガンによれば，「正義の倫理」を頂点にかかげる彼の道徳性発達段階の指標はもともと男性的な視点から作られているために，「責任とケアの原理」を重んじて行動する，つまり他者への援助に価値を置く女性は，低い段階に留まっていることになるという。「正義の倫理」ではなく，「ケアの倫理」が指標となれば，男性は低い道徳性発達段階に留まるはずであると主張した。さらに，ギリガンのような発達段階という発想そのものを否定しようとしたのが，女性の教育哲学者ノディングズである。

　ノディングズは，「よさへの熱望」のような主観的・感情的な側面から道徳性をとらえて，具体的な行動を伴った「ケアしてケアされる関係」，つまりケアリングの倫理学を主張した。責任やケアの視点から道徳性をとらえようとしている点は，ギリガンとノディングズに共通しているが，ノディングズの場合，道徳性の基礎は，正義や責任といった普遍化された道徳的原理ではなく，目の前にいる他者のためにケアしたいという心情的な願望に求められる。したがって，彼女の道徳性のとらえ方は，道徳的判断の正当性よりも，「ケアしてケアされる関係」の中でよりよい人間関係を求めようとする主観的な側面を重視するものである。確かに，そこには，重要な学ぶべき発想も見られるが，目の前の，いわば身内の相互依存的な「ケアしてケアされる関係」の心情を重視することが，学校や社会における道徳性とうまく調和できるのかについて，慎重に考察してみることが重要であろう。

さらに，ドイツに目をやれば，「良心の覚醒」を強調したシュプランガー（Spranger, E.）の道徳教育論があげられる。彼は，人間の精神構造を価値基準によって六つの類型（理論的，経済的，美的，社会的，権力的，社会的）に分類した研究者としても有名である。彼は，教育哲学者として道徳教育の理論について緻密に考察したが，その実践についてはあまりかかわっていない。それに対して，シュプランガーと同時代に生きたことのあるシュタイナー（Steiner, R.）は，自由ヴァルドルフ学校という教育現場で彼の道徳教育論を実践に移している。もちろん，シュタイナーの宗教的な教育観・人間観に対しては，さまざまな批判・非難も少なくないが，この学校は，「道徳学校」と呼ばれるぐらいに，道徳教育ないしは人間教育に熱心な学校として知られている。

　シュタイナーは，「道徳的衝動を自分の中で正しく展開できるように子どもを次第に導いていくこと，そのことが最大にして最重要な教育課題です」，「道徳的なものが，はじめて本質的な意味で人間を人間にします」などと述べるように，道徳教育をきわめて重要視している。彼によれば，教えるべき重要な道徳的価値は，感謝と愛と義務という，三つの基本的徳性であるという。端的に言えば，幼児期には感謝という道徳的価値が保育者や教師の模倣や手本を通して，児童期には愛という道徳的価値が真の権威者としての教師を通して，青年期には義務という道徳的価値が同等な関係のもとで伝えられることになっている。特に，学校の道徳教育における大きな特徴は，「道徳授業は，教師が自分の生徒に対して行うことすべてに浸透されなければならないのであって，一つの切り離された道徳指導は，その他すべての教育や授業を道徳的なものに方向づけることに比べると，ほとんど効果をあげられないのです」という考え方に則って実践されていることである。つまり，いわばホリスティックな道徳教育が試みられているのである。

【主要参考文献】
井上次郎他『要説　道徳教育の研究』酒井書店，1983年
奥田丈文他編『現代学校教育大辞典』ぎょうせい，1993年

木原孝博『道徳教育全書6　アメリカにおける道徳教育方法の改革』明治図書，1984年
ギリガン著，岩男寿美子訳『もうひとつの声』川島書店，1986年
ディヴァイン，ソク，ウィルソン編，上寺久雄監訳『「人格教育」のすすめ』コスモトゥーワン，2003年
デューイ著，市村尚久訳『経験と教育』講談社，2004年
デューイ著，大浦猛編，遠藤昭彦・佐藤三郎訳『実験学校の理論』（梅根悟・勝田守一監修　世界教育学選集87）明治図書，1977年
デュルケム著，麻生誠・山村健訳『道徳教育論　1・2』（梅根悟・勝田守一監修　世界教育学選集32・33）明治図書，1964年
日本道徳性心理学研究会編著『道徳性心理学：道徳教育のための心理学』北大路書房，1992年
ノディングズ著，立山善康・林泰成・清水重樹・宮崎宏志・新茂之訳『ケアリング　道徳と倫理の教育―女性の観点から』晃洋書房，1997年
ピアジェ著，滝沢武久訳『発生的認識論』白水社，1972年
福田弘『人権意識を高める道徳教育』学事出版，1996年
村田昇編著『道徳教育論』ミネルヴァ書房，1992年
村田良一・三浦典郎編著『道徳教育の研究』協同出版，1989年
ライマー，パオリット，ハーシュ著，荒木紀幸監訳『道徳性を発達させる授業のコツ：ピアジェとコールバーグの到達点』北大路書房，2004年
リコーナ著，三浦正訳『リコーナ博士のこころの教育論　〈尊重〉と〈責任〉を育む学校環境の創造』慶應義塾大学出版会，1997年
リコーナ著，水野修次郎監訳『人格の教育―新しい徳の教え方学び方―』北樹出版，2001年
リコーナ，デイビッドソン著，柳沼良太監訳，吉田誠訳『人格の教育―新しい徳の教え方学び方―』北樹出版，2001年
ラス，ハーミン，サイモン著，遠藤昭彦監訳，福田弘・諸富祥彦訳『道徳教育の革新―教師のための「価値の明確化」の理論と実践―』ぎょうせい，1991年
吉田武男『シュタイナーの人間形成論―道徳教育の転換を求めて―』学文社，2008年

第4章

いまの日本の道徳教育を詳しく眺めてみよう

1．学校の道徳教育の基準

　我が国の学校における道徳教育の基準は，第2章でも見たように，『学習指導要領』に示されている。我が国の場合，1958（昭和33）年に道徳の時間が特設されて以来，道徳教育に関する方針・目標・内容などの事柄は，その時代の影響を受けながらつねに改訂のたびに変更されてきているが，大枠において言うならば，本質的には変わることなく継承されている。

　まず，基本方針について言えば，2008（平成20）年の中学校の『学習指導要領』の第1章総則には，次のように記されている。

　　「学校における道徳教育は，道徳の時間を要として学校の教育活動全体を通じて行うものであり，道徳の時間はもとより，各教科，総合的な学習の時間及び特別活動のそれぞれの特質に応じて，生徒の発達の段階を考慮して，適切な指導を行わなければならない。」

　ここに，道徳の時間を伴う全面主義道徳教育（学校教育のあらゆる教育活動を通じて行う道徳教育）の基本方針が明確に示されている。

　この文言に続けて，「道徳教育は，…道徳性を養うことを目標とする」という文章によって，道徳教育の目標が示され，それに続けて道徳教育を進めるに当たっての配慮事項が提示されている。

　さらに，第3章道徳では，再び道徳教育の目標が，「学校の教育活動全体を

通じて，道徳的な心情，判断力，実践意欲と態度などの道徳性を養うこととする」と記された後で，道徳の時間の目標は，「各教科，特別活動及び総合的な学習の時間における道徳教育と密接な関連を図りながら，計画性，発展的な指導によってこれを補充・深化・統合し，道徳的価値の自覚の自覚を深め，道徳的実践力を育成する」と規定されている。ここでも，道徳の時間を伴う全面主義道徳教育の方針が確認されながら，道徳教育の目標とともに，道徳の時間の目標が示されているのである。

また，第3章道徳の中では，道徳の時間に教えるべき道徳的価値が，四つに区分されたかたちで，24個の内容項目として掲げられるとともに，道徳教育推進教師を中心とした指導体制の充実，指導計画の作成，数値による評価を行わないこと，なども示されている。

この『学習指導要領』の内容に関してさらに詳しく解説した中学校の『学習指導要領解説道徳編』を見ると，道徳の時間の基本方針は次のように示されている。

① 道徳の時間の特質を理解する
② 信頼関係や温かい人間関係を基盤に置く
③ 生徒の内面的な自覚を促す指導方法を工夫する
④ 生徒の発達や個に応じた指導方法を工夫する
⑤ 道徳の時間が道徳的価値の自覚を深める要となるように工夫する
⑥ 道徳教育推進教師を中心とした指導体制を充実する
⑦ 指導に当たっての基本的姿勢について理解を深め指導に当たる

そのうえで，「主題のねらいを達成するために，生徒がどのように学んでいくのかを十分に考慮して，何を，どのような順序で，どのような方法で指導するかを指導に当たる教師が構想し，それを一定の形式にまとめたもの」としての学習指導案に関する事柄が詳細に記されている。具体的には，学習指導案の形式と作成手順などである。

前者の形式については，次のような事項をその内容として含めることが大切であるとされている。

① 主題名
　原則として年間指導計画における主題名を記述する。
② ねらいと資料
　年間指導計画を踏まえてねらいを記述するとともに資料名を記述する。
③ 主題設定の理由
　年間指導計画における主題構成の背景などを確認するとともに，ねらいや指導内容についての指導者の基本的な考え方，それと関連する生徒の実態と教師の願い，使用する資料の特質や取り上げた意図及び生徒の実態とかかわらせた指導の方策などを記述する。
④ 指導区分
　1主題に2単位時間以上を充てて指導しようとする場合，それぞれの単位時間の指導が，全体としての主題の指導においてどのような位置にあるかを明らかにし，各単位時間の指導のねらいを示すものである。
⑤ 学習指導過程
　ねらいに含まれる道徳的価値について，生徒が内面的な自覚を深めることを目指し，資料や生徒の実態などに応じて，教師がどのような位置にあるかを明らかにし，各単位時間の指導のねらいを示すものである。
⑥ その他
　道徳の時間の指導の効果を高めるために，事前指導と事後指導，各教科等における道徳教育との関連，体験活動や日常の個別指導との関連，校長や教頭などの参加，他の教師との協力的な指導，家庭や地域社会との連携，評価の観点などについて示すことも大切である。
　なお，重点的に取り上げる内容や複数時間にわたって関連をもたせて指導する場合は，全体的な指導の構想と本時の位置付けについて記述することが望まれる。

　もちろん，このような形式はあくまでも一般的なものである。学習指導案には，定まった固定的な形式や基準が存在しているわけではない。したがって，基本的な考え方として，各教師が利用しやすいように創意工夫して作成すれば

よいのである。しかし，現実には，学校ごとに一定の形式が定まっていることも少なくないので，これから教育実習を行うような学生にとって，注意を払っておくことは必要である。

また，後者の手順については，各教科等との関連を密にした学習，体験活動等を生かした学習，複数時間にわたる学習など一層の創意工夫が求められるが，一般的には，次のような手順が考えられている。

① ねらいを検討する
② 指導の要点を明確にする
③ 資料を吟味する
④ 生徒の感じ方，考え方を予測し，主な発問を考える
⑤ 学習指導過程を考える
⑥ 板書計画を立てる
⑦ 事前指導，事後指導について考える

このような手順を基本にしながら，各教科，総合的学習の時間および特別活動などとの関連，子どもの実態や指導内容，さらに指導する教師の構想や意図により，さまざまに創意工夫することが重要である。

なお，学習指導案を作成する際に，学習指導過程については，基本的に「導入・展開・終末」の各段階を設定すること，および指導方法としては，読み物資料の利用，話合い，教師の説話，視聴覚機器の利用，動作化・役割演技等の表現活動などを考慮することが求められている。

2．学校の道徳教育の現況

現在，前述した2008（平成20）年版の『学習指導要領』や『学習指導要領解説道徳編』に示された記述内容に則って，学校の道徳教育は行われることになっているが，混乱の中で特設された1958（昭和33）年頃と，基本的に道徳教育の方法は変わっていない。簡潔に言えば，全面主義道徳教育の理念を据えながら，道徳の時間には，何らかの読み物資料を利用した「心情把握型」の「価

値伝達型授業」が行われてきた。特に，道徳教育の推進者や専門家と呼ばれる関係者たちにとって，読み物資料の利用に対するトラウマ的な執着ぶりは，各教科授業の視点から俯瞰的に眺めると，異様であると言えば過激かもしれないが，少なくとも尋常ではないとだけは言えるであろう。

　しかし，そのような情況の出現には，それなりの理由がある。我が国の場合，ほとんどのヨーロッパ諸国と異なり，宗教教育は道徳教育にあまりかかわらないかたちで，明治期以降から第二次世界大戦まで，修身科が道徳教育にとって大きな役割を演じてきた。そこでは，教科書の読み物の中に登場する人物の心情の把握が求められた。宗教授業における逸話や教典に代わるものが，道徳授業にも必要なのである。したがって，戦前の修身科であっても，戦後の道徳の時間であっても，逸話や教典に代わる読み物資料が基本的に必要となってくる。このように考えてくると，ある意味では，道徳の時間における読み物資料の利用は当然の帰結なのである。しかし，尋常でないと言わしめるところの理由は，道徳の時間の誕生経緯を眺めれば，意外と簡単に推察することができる。

　第2章でも言及したように，その誕生の当時は，勤務評定問題や教育委員の任命制問題，さらには『学習指導要領』の法的拘束力の問題などによって，教育現場は混乱のまっただなかであった。そうした時代情況の中で，組合や民間教育諸団体を中心とする教育現場の教員は，上からの道徳教育の強化に対して，実力行使的な反抗だけでなく，理論的にも批判した。特に，そうした人たちの中には，道徳の時間の特設に対抗する実践や理論を作りあげようとした研究者や教師が出現した。その中で構築されてきた考え方の代表的なものが，「生活指導で道徳教育は可能である」という主張である。この主張は，確かに基本的な道徳を身につけていくうえでは，きわめて説得力のある，理にかなったものであった。しかし，反対を押し切って道徳の時間を特設し，その実践を軌道に乗せたい文部省としては，そのような主張を少しでも受け入れることは，断じてできない案件であった。文部省およびそこでの関係者は，何としても道徳の時間という領域を，道徳教育と生活指導の差異化を明確に図ることによって，正当性を担保しなければならなくなってしまった。

そこに登場してくるのが、自己の反省や望ましい心情を喚起させるような読み物資料であった。それによって、道徳的価値を十分に含んでいる材料が、宗教授業における逸話や教典のように、つねに確実に子どもの前に教育内容として提示できることになった。その材料が計画的に提示されて、子どもがそれに深くかかわり道徳性を高めるには、道徳教育のための特化した時間が必要となり、生活指導という機能だけでは不十分であるばかりか、社会科という領域の授業をもってしても不可能な時間割の領域が出現することになった。そこに、文部省は道徳の時間の存在意義を見出することに成功したのであるが、その際につねに材料としての読み物資料を活用あるいは依存せざるを得ないという拘束力が、道徳授業に強く働くことになった。そのために、道徳授業においては、資料の選定やその扱い方がことさら注視され、授業過程を、何らかの読み物資料を利用した「心情把握型」の「価値伝達型授業」から脱却させることは、容易ではない情況に陥ってしまうことになった。

　実際に、現在の日本の学校現場を眺めてみても、基本的に大多数の道徳授業では、読み物資料を利用した「心情把握型」の「価値伝達型授業」が広く普及したままである。したがって、道徳の時間に行われる授業は、第三者的に見れば、国語の授業ときわめて類似したものになる。もちろん、そのような見解に対しては、道徳教育の専門家と称する人たちから、道徳的価値を内面的に自覚させている点で、道徳の授業は国語の授業とは根本的に異なる、という趣旨の反論がすぐにでも返ってきそうである。しかし、資料の内容を読解して、登場人物の心情を探るところは、いくら道徳教育の専門家と称する人たちが反論しようが、共通していると言わざるを得ない。しかも、道徳の授業では、国語の授業よりも、多角的な解釈が許されず、あくまでも教師の想定した一面的な解釈を子どもに押しつけようとする傾向が強くなりがちである。それだけに、子どもにとって、道徳の授業は、登場人物の「心当てゲーム」にしばしば陥ってしまうのである。特に、賢い子どもにとっては、その授業は、つまらなくて、しかも白々しくて胡散臭い印象を与えがちである。

　たとえば、多くの副読本に掲載され続けている「手品師」（江崎輝雄作）の定

番の授業を想定してみよう。

　ほとんどの授業者にとっては，この読み物資料は，内容項目1－(4)の「誠実に，明るい心で楽しく生活する」に対応するものであり，誠実や約束などの価値を教えるものとなっている。大劇場の出演を断って子どもとの約束を守る手品師の行動が，誠実な価値として力説されるのである。そのために，授業の山場に登場する中心質問は，「手品師はたったひとりの男の子を前にして，どんな気持ちで手品をしているのでしょうか」というような，約束を守った気持ちを推し量るものとなる。その授業では，手品師の行動に対して批判的に考えるような意見（たとえば，子どものところに自分の友人を行かせたうえで，子どもに事情を伝える，あるいは子どもを大劇場に連れてきてあげる，などという夢の実現と子どもへの約束の両方を実現しようという思考）は黙殺されることになる。つまり，現実生活を生きるための道徳の問題に対して，正しく論理的に推論して結論を得たり，その問題を多角的に掘り下げて探究するような批判的思考の活用は，ほとんど行われないのである。あくまでも，まわりの人間関係を断ち切って（電話をくれた友人に，事情を彼との人間関係の中で話せば，何の問題も生じなかったわけである。たとえば，その事情を友人が知れば，その友人が代わりに少年のもとに出かけて，事情を話せばすむ問題である。窮地に陥らないように感知して，そのときにすべき行動を見つけ出すことが，生きた道徳であり，また「生きる力」である），個人の問題として特定の偏狭な場面の中で，悩みや葛藤などの心の揺れを煽りながら，一つの道徳的価値に収斂させるようなコンセプトの指導が，何の疑問もなく促進されているのである。そこでは，「気持ち」が強調されるわりに，「のちにその男の子が，自分のために手品師が千載一遇のチャンスを逃がしたことを知ったならば，どんな気持ちになるでしょう」というような気持ちをたずねる質問は，不思議なほど生まれないのである。なぜなら，教師の用意した「気持ち」の概念を探し出すのが，授業展開の目的として固定化されているからである。

　このような指導が，現実の人生において誠実に生きる子どもを育てることに貢献できるのであろうか。できるとすれば，皮肉な言い方になるが，独り善が

りの自分勝手な「誠実」が育まれるぐらいであろう。この種の指導から脱却しない限り，道徳の時間であれ，名称を換えた道徳科であれ，道徳教育の大きな効果はないであろう。特に，戦前の修身科と大きく異なり，人物の生き様全体が強く押し出されないために，登場人物の気持ちを詮索し，そこに何らかの価値（徳目）を探し出すような指導は，必然的に「心当てゲーム」の域を出ないであろう。それゆえ，抜本的に改善するために，一部の例外を除いて，概して外国，特にアメリカの道徳教育論に打開策を求めようとする研究者たちが登場してくるのでる。

3．外国の道徳教育論の導入

従前の道徳授業に満足できなくなった熱心な道徳教育の研究者や教師は，授業を改善するために，さまざまな努力を試みようとした。そこでは，どうしても道徳授業における「三種の神器」（学習指導要領そのままの「ねらい」，副読本会社の「作った」フィクション資料，文部科学省調査官の唱える「基本形」）に即した改善に留めるものが圧倒的に多かった。そのような風潮の中にあって，深澤久らの教師集団のように，「三種の神器」を拒絶して，自分たちの日々の実践から新しい道徳授業像を造り出そうとする教師集団も現れた。また，それらとは違って，改善のヒントを外国に求め，その理論と手法を日本に導入した研究者も少なくなかった。そうした研究者による紹介の中で，1990年頃から日本国内の教育現場で受け入れられ，かつ広く普及した代表的なものは，アメリカからの二つの理論であった。すなわち，一つはラスらの「価値の明確化」理論であり，いま一つはコールバーグ理論のジレンマ・ディスカッションであった。

前者の「価値の明確化」理論は，前章で取りあげたように，アメリカの道徳教育において1970年代から80年代にかけて大きな影響を及ぼしたものである。この理論は，我が国では，1990年代に入ってから広く知られるようになり，現在でも，教育現場に受け入れられているだけでなく，『心のノート』の中にもその理論の技法は活用されるまでに至っている。

ところが，出生の地のアメリカでは，「価値の明確化」理論は，子どもの学ぶ過程を重視した点で，すぐれた特徴をもった考え方ではあり，全面否定すべきものではないが，1980年代後半から厳しい批判が浴びせられ，現在ではもはや主流の位置にはなく，ほとんど評価されなくなっているというのが現実である。この理論の推進者の一人であるハーミンは，すでに1988年の時点で，「我々が，価値中立主義を強調したことによりおそらく，伝統的道徳を弱めることになった」とその理論の悪影響を認め，それに続けて「振り返って見ると，もっとバランスの取れた考え方を示したほうがよかった」，と反省の弁とも取れる発言をしている。しかし，日本では，このようなハーミンの発言は，いまとなっては意図的か無意図的か知る余地もないが，研究者の中ではほとんど見過ごされてしまっていた。そのようなこともあって，アメリカではすでに1990年代には厳しい批判にさらされて下火になっていた「価値の明確化」理論が，我が国では1990年代および21世紀になっても，広く普及し続けることになった。

　周知のように，「価値の明確化」理論では，価値について唯一絶対的な答えは存在しないという前提の下に，個々人の価値観が尊重される。そのために，この理論に則った道徳授業において求められるのは，子どもに価値観を教えるのではなく，価値を獲得する個人の内面的な過程を援助することになる。それによって，従来の日本の道徳授業においてしばしば見られる，教える側の価値観の押しつけが弱まり，子どもの価値表現が授業の中で積極的に受容されることによって，自分らしく生きたい生き方が肯定されることになる。その結果，「自己の明確化」が進み，自己肯定感を基礎にした自己実現感が高まるとされる。その意味で，「価値の明確化」理論に依拠する方法は，つねに読み物資料を活用しながら，反省を強いる従来的な「心情把握型」の「価値伝達型授業」に対して，一石を投ずる革新的なものであった。

　しかし，その反面，子どもに大切な価値を教える，あるいはそれについて指導するという，訓育機能としての道徳教育固有の特徴が弱められることになった。もちろん，この理論を提唱したアメリカのラスらは，子どもにその価値を選択してほしくないときには，明確に伝えるべきであると考えていたが，形式

だけを輸入するのが得意な日本にあっては、道徳授業においては、「道徳的価値を教え込んではいけない」ないしは「結論を教えてはならない」という風潮、すなわち授業は道徳的価値を教えることなく答えのないオープン・エンドで終わらなければならないという風潮が、少なからず教育現場に広まってしまった。さらには、個人の内面的な過程に焦点が当てられるために、尊重されるべき道徳的なものとそれ以外のもの（たとえば、好みや気分などのようなもの）とが混同されがちであった。そのような混同が起きてしまうと、この理論が目指していた健全な「自己実現」ではなく、むしろ自己中心的な肥大化した自我が強調されかねないのである。つまり、「価値の明確化」理論に内在している価値相対主義の弱点が、特に自分の内面に絶対的な神仏性の存在を感じられない多くの日本人にとっては、自己中心的な肥大化した自我や我執として露呈してしまうのである。

したがって、負の面について言えば、「価値の明確化」理論は、訓育機能としての道徳教育固有の特徴を弱体化させるとともに、無宗教的な人にとっては、そうした自我形成の弊害を招きかねないのである。

次に、「モラルジレンマ授業」について言うと、そのルーツは、アメリカのコールバーグの理論に求められる。コールバーグの名前それ自体は、1960年代の中頃から日本の教育学界や心理学界でも知られるようになり、また彼の道徳性発達理論も1970年代にはしばしば紹介されるようになっていた。しかし、彼の名前とその理論を我が国の教育界に一躍有名にしたのは、何と言っても、荒木紀幸らのグループであろう。

荒木紀幸らは、1980年代にコールバーグの道徳教育論の実践的研究を進め、彼の道徳性発達理論に基づくジレンマ・ディスカッションを、我が国の「道徳の時間」に実践できるように工夫した。それが、「モラルジレンマ授業」と呼ばれるものであり、ときには「兵庫教育大学方式のモラルジレンマ授業」と呼ばれることもあった。

そこでは、一つの資料を使って2時間の授業が行われることになっていた。すなわち、道徳授業は、基本的に1主題2時間のものとなった。その授業過程

モデルは，およそ次のようになる。まず１時間目には，「立ち止まり読み」という資料理解の段階がある。子どもたちが資料を分割しながら丁寧に読み進めることになる。続いて，授業の最後には，子どもが第１回目の判断理由づけを行うことになる。つまり，子どもがどちらかのジレンマを選択することになる。

そして２時間目に入ってはじめて，議論が展開される。そこでは最初に，相互の意見の批判吟味が行われ，そのうえで次に相互の意見の擦り合わせが行われて，一人ひとりの子どもが第２回目の判断理由づけに向かうことになる。授業の最後には，結論が出されない。つまり，授業の終わりは，オープン・エンドということになる。

したがって，「モラルジレンマ授業」では，道徳の時間が１週間空いてしまうことになるが，答えがわからない資料が使われるために，授業を進めるうえでは大きな支障はないとされている。その後，日本では，「兵庫教育大学方式のモラルジレンマ授業」のように，１主題２時間の授業過程ではなく，１主題１時間で完結する実践も繰り広げられるようになった。現在では，１主題１時間で完結する方法がむしろ広く普及しているようである。

いずれの方法，あるいは他のアレンジした方法を採用するにせよ，「モラルジレンマ授業」では，学級において自由に発言できる雰囲気をつくることや，子どもにとって有意義な道徳的価値を含むような資料を用いることが，とりわけ重要になる。

確かに，こうした議論を伴う「モラルジレンマ授業」では，子どもの積極的な授業参加の姿勢が見られ，道徳性に関する認知発達も促進されるであろう。何よりも，「副読本活用主義」にしばしば見られるワンパターンの心情主義的な道徳授業ではないために，子どもは楽しく道徳的価値に触れることができる。そのために，この授業の全国的な広まりも，当然のことと言えよう。

しかし，この理論にも大きな弱点が存在する。事実，アメリカでも，コールバーグの道徳教育論は批判され，彼自らがその効果の不十分さを自覚し，新たにジャスト・コミュニティ・アプローチを提案している。その点から言っても，「モラルジレンマ授業」を過剰評価するのは，決して望ましいことではないが，

残念ながら形式だけを輸入しがちな日本にあっては，特にこの授業における活発な議論の場面だけが注目された。それゆえ，コールバーグの念頭にある学校段階は高等学校であったにもかかわらず，十分な思考力も身についていない小学生に対しても，ジレンマ・ディスカッションの方法がなんの躊躇もなく利用されている。そうした我が国の情況であったために，この理論からも，「価値の明確化」理論と同様に，教え込みを批判する立場から，「道徳授業は答えのないオープン・エンドで終わらなければならない」という風潮，さらにそこから，「最新の道徳授業では教師は答えを言ってはいけない」という風潮が，結果的に教育現場の道徳授業に広まってしまい，教師の指導性を弱めてしまうことになったのである。

4．心理主義的道徳教育の台頭

確かに，前述したように，「モラルジレンマ授業」では，「価値の明確化」理論に比べて，子ども同士の議論が行われる点で，個人の中で強く内面化だけを求める傾向は明らかに弱くなっていると言えよう。しかし，両者の実践では，道徳的価値という内容の注入を避け，結果的に授業をオープン・エンドで終わらせることは，道徳教育の訓育機能を弱体化させるだけでなく，結果的に戦争直後におけるかつての「はいまわる経験主義」のような方法主義に陥らせてしまいかねないのである。実際に思想的基盤を見ても，両者の理論はともにデューイの教育思想の影響を受けている点を勘案すれば，十分に注意しないと，そのようなところに陥るのはむしろ当然の帰結であると言えよう。特に，経験主義の教育は，実生活に即した外的な作業や活動を中心に置かれるのに対して，両者の理論は，もともと心理学者によるものであるという影響もあって，現実から少し距離を置いた（フィクション的な）話題の中で内的な自覚を促そうとする点で，どうしても「心理主義化された道徳教育」，つまり心理主義的道徳教育の温床につながる考え方であると言えよう。

心理主義とは，価値や真理などの抽象的概念を個人の心理的作用として把握

しようとする学問上の態度を意味する言葉であり、特定の思想というよりもひとつの方法論である。この心理主義化の社会的風潮は、我が国では、高度経済成長後に国民の意識が心の豊かさを志向するようになってから、次第に広まり始めた。教育界について言えば、臨時教育審議会（1984～1987年）において「個性重視」の原則が打ち出され、その後の中央教育審議会に引き継がれる広い意味での「ゆとり教育」の中で、「個性」の重視が個人の「心」の重視に読み換えられるようになった。やがて「心を失う危機」や「心の教育」をはじめ、「心の闇」や「心の傷」などという「心」にかかわる用語が登場するようになり、心理主義化の風潮は学校の中に深く浸透していった。そのような情況の中で、道徳教育界では、心理学者による「価値の明確化」理論と「モラルジレンマ授業」が外国から導入されたために、両者の理論は「心の教育」という時流にうまく乗ることができ、瞬く間に全国に広がっていったのである。そうした「個性重視」「ゆとり教育」「心の教育」という大きな流れの中で、文部科学省は、『心のノート』という教材を全国の小中学生全員に無償で配布した。2002（平成14）年4月の出来事である。

『心のノート』という教材は教科書ではないという理由から、検定作業を経ることもなかった。さらに言えば、教材の無償配布を行う法的根拠も認められていなかった。そのために、前述したように、「これでは、国定の道徳教科書ではないか」という批判、さらには『修心書』という揶揄も一部では起きていた。教育学者の柴田義松（東京大学名誉教授）も、『心のノート』に関しては、「きわめてモダンだが、執筆者は匿名の国定道徳教科書である」と性格づけを行ったうえで、「結局は、かつての国定修身教科書が果たしたのと同じ役割を果たすことが期待される『心のノート』なのである」という結論を導き出している。しかし、そのような批判を無視するかたちで、文部科学省は、この冊子を子どもたちに「一生の宝となる心のプレゼント」として、あるいはさまざまな人たちを結ぶ「心の架け橋」として毎年のように多額の文教予算を使って無償配布し、道徳の時間だけでなく、多くの場面における活用を求めたのである。

このような『心のノート』の作成や配布に関する教育政策的な評価や意味の

問題は，本書の守備範囲で扱うべき内容でないために，ひとまずここでは横に置くとしても，その教材の内容それ自体の特徴は，道徳教育の視点から批判的に再検討・再吟味されるべきであろう。

もちろん，『心のノート』の教育政策的な評価や意味を問うような批判者たちは，『心のノート』の内容についても批判の目を向けている。たとえば，戦前の国定教科書において「峰から湧きあがる雲」の挿絵が神話上の高天原や高千穂の峰を連想させるように描かれていたが，『心のノート』でも，類似したような青空や雲の絵や写真が頻繁に使用されていること，「歴史は大切に」という言葉はあっても，「戦争を起こさない」や「反戦」という言葉はまったくないこと，「感動的な」あるいは格言的な言葉が至るところで挿入されているが，広告のキャッチコピーのような，あるいは有名人による権威づけのような引用が見られること，などである。これらの点に対する批判は，さまざまな立場や信念から発せられており，それらについて当否を検討するのは確かに重要な問題ではあるが，紙幅の関係もあって，ここでは行わないこととする。むしろ，『道徳のノート』と呼ばずに，『心のノート』と名づけていることが大きな特徴であるとするならば，教材における心理主義化の実態にしぼって，その内容について，抜本的な改善に寄与する目的で詳細に検討してみよう。

『心のノート』を眺めると，至るところに心理主義の思想と技法が使用されていることに気づかされる。たとえば，「私（わたし）」という一人称が「私（わたし）たち」よりもはるかに多く使われ，また強調されている。つまり，問題を個人，特に個人の心に還元しようとする思想がそこに如実に現れている。たとえば，『心のノート』の導入部分では，小学校の低学年のものが「あなたのことをおしえてね」，小学校の中学年のものが「そっと自分に聞いてみよう」，小学校の高学年のものが「これがいまのわたし」，中学校のものが「私の自我像」となっているところに顕著に示されるように，子どもの内面を見つめさせるところから，その教材は綴られている。もちろん，『心のノート』の構成は，『学習指導要領』の内容項目に完全に即応して，四つの区分の「主として自分自身に関すること」から始まっていることを勘案すれば，子どもの内省からの

出発は，とりわけ不自然なことでもなければ，むしろ当然のことと考えられる。

しかし，他の区分の箇所でも，その傾向が見られるところは大いに問題である。たとえば，小学校の高学年の「主として他の人とのかかわりに関すること」に相当するところには，「よりそうこと，わかり合うことから」という項目が4頁設けられている。その前半の2頁には，相田みつをの詩「しあわせはいつも」が掲載されているが，その詩の最後は，「そういうわたしはいつもセトモノ」というように，「私」が強調されている。次の後半の2頁には，「広い心」というタイトルで，さまざまなメッセージやつぶやきが記載されているが，その中で「私」を強調しているいくつかをあげてみると，次のようなものがある。「わたしはわたしと思っている自分」，「相手のことが許せないと思うことがある自分」，「わたしのことをわかってほしいと思っている自分」，「わたしのまわりにはたくさんの人がいるけれどひとりとして同じ人はいない」，「自分の心がみがかれどんどん大きくなる」，「自分とはちがう意見や考え方を認めるのはむずかしいこと」，「そんなとき，もう一度いまの自分をみつめよう」，「自分と意見がちがうからこそその人から学ぶことができる」，「わたしの意見」，「自分の意見にどのようにえいきょうしましたか」などである。さらにあげれば，「あなたがいま関心のあることについて，多くの意見を聞いて心を大きく育てよう」，「どのようなことを感じたり思ったりしましたか」，「そして，相手の立場に立ってみる。そこからは，ちがう景色がみえるはず」と語りかけられている相手は，『心のノート』を使用する「私」に対してである。

このような「私」への過剰な執着は，自分の中の閉じた心の世界に子どもの意識を向けることになり，その結果，日常の現実世界との「つながり」に子どもの意識をあまり向けさせなくしてしまう。それによって，かえって子どもは孤独感に陥りやすくなるだけでなく，未熟な自分のエゴを肥大化させてしまい，いわゆる「自己チュウ」を促進するだけであろう。論語に「徳不孤　必有隣」（徳は孤ならず，必ず隣りあり）（意訳：有徳者は決して孤立するものではない。必ず親しい仲間ができるものである）という言葉があるが，まさにその正反対を行くような生き方が奨励されるようなものである。このような問題性が『心の

ノート』に垣間見られるのである。

　しかし，こうした心理主義化は，単にその個人における人間性に悪影響を及ぼすだけではなく，個々人の文化や社会とのかかわりにおいても大きな問題を孕むことになる。

　たとえば，小学校の高学年のものについて言えば，「主として集団や社会とのかかわりに関すること」における公正・公平の内容項目に相当するところでも，「どうしてゆがめてしまうのか？」というテーマに対して，次のような言葉が記されている。すなわち，「ふと知らないうちにだれかの心を傷つけてしまっている。知らず知らずのうちにかたよった見方をしている。そんなことはないだろうか？」，「すべて人間であるかぎり差別やかたよった見方は許されない。ゆがんだ考えをもつ人はその人自身の心の中に弱さがあるにちがいない」と。つまり，ここでも，「集団や社会とのかかわり」の現実的な問題に対しても，その原因が個人（私）の心の問題に還元されている。特に，後者の社会的な差別問題に対して，個人（私）の心の問題に原因を求めてしまっているところは，単なる内向的な問題としてだけでは済まされない，ほとんど誤認に近い記述である。なぜなら，そうした差別の原因は，個人（私）の心の問題だけでなく，歴史的・文化的・社会的な構造の中で生み出された現実の問題も伴うからである。その点については，かつての同和対策審議会答申（1965年）の中で，実態的差別と心理的差別という二つの差別が明記されているのは，それを裏打ちするものであろう。しかし，『心のノート』では，同和対策審議会答申の論理に従えば，日本社会の歴史的発展の過程において形成され，同和地区住民の生活実態に具現されている実態的差別（つまり，就職・教育の機会均等が実質的に保障されず，政治に参与する権利が選挙などの機会に阻害され，一般行政諸施策がその対象から疎外されるなどの差別）について合理的認識を欠いたまま，差別する人には「その人自身の心の中に弱さがある」という認識に基づいて，「差別する心はいけない」，「差別されている人に思いやりの心をもつ」などという心理面だけが，教えられることになってしまう。それでは，現実の社会問題について感じ，そして考え，そのうえで実際に行動しようとする善良な人間的徳

性が育てられず，それどころか合理的・批判的な思考がなされないために，間違った認識すらも養われてしまいかねないのである。

　さらに言えば，心理主義は，こうした社会問題だけでなく，日常的な生活や行動の人間的徳性に対しても大きな影を落としかねない。たとえば，小学校の中学年の『心のノート』には，「あやまちを『たから』としよう」というタイトルの項目が設けられている（図1を参照）。その項目は，「主として自分自身に関すること」にかかわるものであるが，そこでは，少年がサッカーボールでおじさんの植木鉢を壊してしまい，そして謝っているという場面の絵が描かれている。そのうえで，「あやまちは，これからの自分をよくしていくための『たから』となります」，「それには，あやまちをしてしまった原いんをよく考えて，『もう，これからはぜったいにしないぞ』と，強く思うことです」などと，内面への働きかけの言葉が羅列される。さらに，「あなたの失敗には，どんなことがありましたか」という問いかけに答える空欄と，「それにはどんな

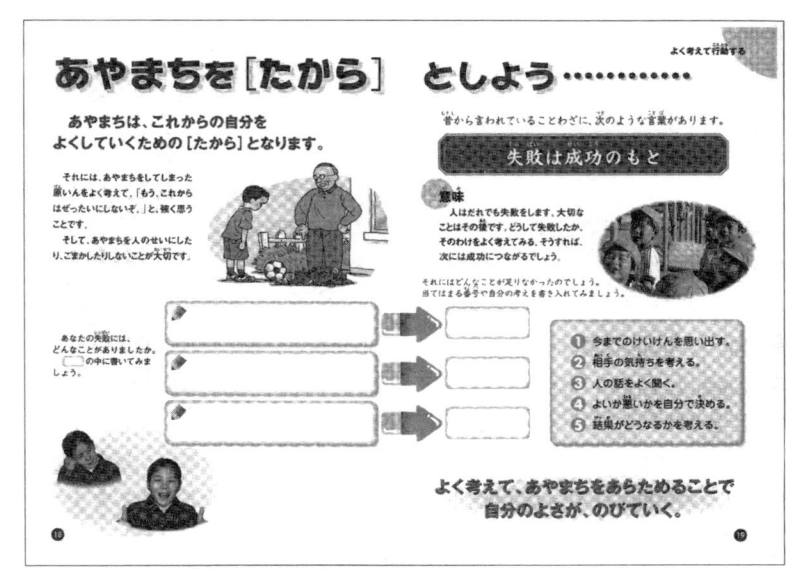

図1　『心のノート』

ことが足りなかったのでしょう」というさらなる問いかけと，それに該当する回答の選択肢が用意されている。そこには，過去を思い出させて言葉で記しながら意識を明確化させる「価値の明確化」理論の活用とともに，子どもが答えを自主的に選んだ，という気持ちになるような誘導が，巧みなかたちで組み込まれている。つまり，日常生活における「あやまち」の問題が，みごとに心理主義化されたかたちで道徳の教材に転換されているのである。

このような現実の問題が，心理主義化されることによって新たな問題を生み出すことになった。その問題を生み出すきっかけは，この種の日常の場面を，心の問題にするために，「主として自分自身に関すること」の枠に組み入れてしまったことである。この自分自身の問題は，個人の心の問題になり，あやまちを「たから」にしようとする心構えが指導されることになる。しかし，そのような転換は，日常の道徳性をとんでもなく歪めてしまっている。

つまり，日常生活において，他人のものを壊し，迷惑をかけてしまった行為が起きたならば，まず何を置いてもしなければならない態度は，「謝る」という外的な行為であって，自分のための「たから」にしようとする内的な心構えではないはずである。少年が，他人に現実に損害を与え迷惑をかけておきながら内面では「あやまち」を「たから」にしようと思っているのであるから，その行為は，日常の道徳としては不適切であると同時に，自己の思い上がりもはなはだしいものである。まさに，「子どもを巧みに道徳の教材によって利己主義にさせたいのか」，と突っ込みを入れたくなるような愚かな内容が，心の偏重によって『心のノート』に掲載されてしまっている。

そのおかしさは，類似した教材と比較すれば，より明確になる。奇しくも，この場面の類似した教材が，戦前の第3期国定修身教科書において見られる。

そこでは，「アヤマチヲカクスナ」というテーマで，少年が他人の家の障子をボールで破ってしまい，謝っているという場面の絵とともに，「トラキチ ノ ナゲタ マリガ ソレテ，トナリ ノ シヤウジ ヲ ヤブリマシタ。トラキチ ハ スグトナリ ヘ アヤマリ ニ イキマシタ。」と，いう文章が記されている（図2を参照）。つまり，このような場面に際して，戦前の国定修

図2 『国定修身教科書』（第3期）

　十八
　トラキチノ　ナダ　アリガ　ソレデ、トナリノ　シヤウジ　ヲ　ヤブリマシタ。トラキチハ　スグ　トナリヘ　アヤマリニ　イキマシタ。

身教科書では、「あやまち」に対しては隠さないで「謝る」というメッセージが明確に示されており、日常の道徳としてはきわめて妥当な説論である。このような戦前の教材と比べてみても明らかなように、行き過ぎた心理主義化の道徳の内容は、きわめて問題性を有するのである。

　このような問題性について、文科省でも気づいたのかどうかわからないが、2006（平成18）年度補訂版では、少年がサッカーボールでおじさんの植木鉢を壊してしまい、そして謝っているという場面の絵だけがいつの間にか別のものに差し替えられている（図3を参照）。そこでは、他の写真や文章はまったく変更されていない。その意味では、絵の差し替えが行われても、本質的な問題点は編集者にはまったく気づかれていないようである。それどころか、皮肉的な見方をすれば、絵の差し替えだけで批判をかわそうとする姿勢の編集者自身が、あやまちを「たから」にするという『心のノート』の心理主義的な道徳的価値に従ったつもりでいるのかもしれないが、「あやまち」に対しては隠さないで「謝る」という、戦前の国定修身教科書に記された道徳的価値、さらに言えば現実の道徳に必ず付随する行為への「反省」という謙虚さを自ら踏みにじっていると言われてもしかたがないであろう。

　そうした心理主義の問題点それ自体については、1958（昭和33）年の「道徳の時間」の特設にあたって理論的支柱であった勝部真長（当時の文部省調査官）は、「…戦後の新教育においては、人は心理主義の考えの中に、その答えを探した」と見なして新教育（経験主義の教育）の問題性を批判し、心理主義に陥らないように注意を促していた。彼にあっては、心理主義の克服こそが、道徳

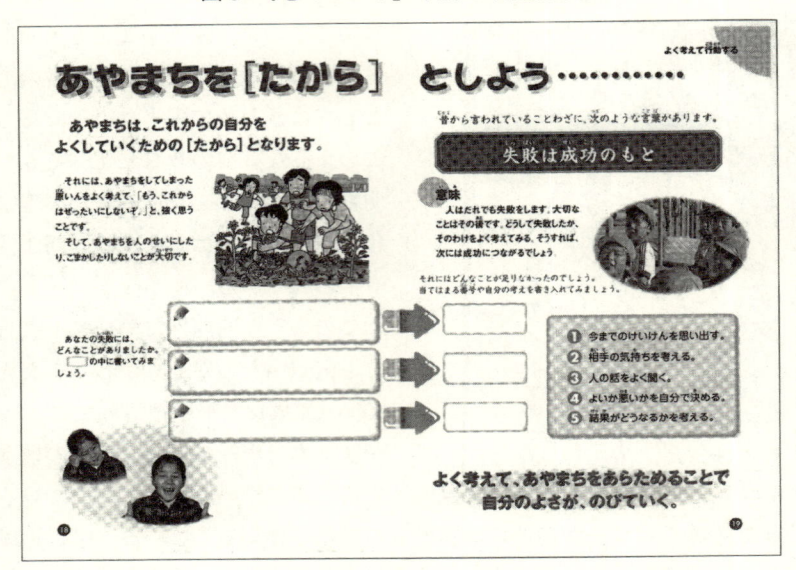

図3 『心のノート』平成18年度補訂版

の時間の大きな目的の一つであったのである。その意味では，50年以上も前から，道徳教育の心理主義化の危険性は気づかれていたにもかかわらず，道徳教育を担当する現在の文部科学省教科調査官の趨勢は，戦後の道徳教育の再建に中心的な役割を果した勝部真長の指摘を緘黙するかのように，『心のノート』を作成配布して，個人の心のあり方に過剰に意識しているのである。もちろん，『心のノート』の内容は，従来の国語科的な読み物資料とはまったく異なっている点で，全否定されるべきものではないが，道徳の時間のような特定の授業を前提とするならば，心理主義的道徳教育の呪縛から脱却するために，そろそろ道徳教育の原点に立ち返り，その内容について根本的に吟味検討する時期が来ているのではないだろうか。その意味では，『心のノート』の問題性は，日本における「心理主義化された道徳教育」の問題性を象徴的に示している。このような教材を残すのであれば，一刻も早く，心理主義化されていないものに全面改訂すべきである。なぜなら，現在でもなお，「価値の明確化」理論や

「モラルジレンマ授業」だけでなく，道徳授業におけるグループ・エンカウンターの活用やスキル・トレーニングの活用などという心理主義色の強い実践が金科玉条のごとく行われている日本の情況をかんがみるとき，心理主義的道徳教育の象徴である『心のノート』の全面改訂によって，早急に心理主義的道徳教育からの脱却と，日本にふさわしい道徳教育の再構築という大きなメッセージが発せられなければならないからである。

【主要参考文献】
新井郁男・牧昌見編『教育学基礎資料』樹村房，2008年
井ノ口淳三編『道徳教育』学文社，2007年
梅根悟監修『道徳教育史Ⅰ』講談社，1977年
梅根悟監修『道徳教育史Ⅱ』講談社，1977年
押谷由夫『「道徳の時間」成立過程に関する研究―道徳教育の新たな展開―』東洋館出版社，2001年
小寺正一・藤永芳純編『三訂　道徳教育を学ぶ人のために』世界思想社，2009年
唐澤富太郎『道徳教育原論』協同出版，1978年
田中圭治郎編著『道徳教育の基礎』ナカニシヤ出版，2006年
沼田裕之編著『＜問い＞としての道徳教育』福村出版，2000年
林泰成『新訂　道徳教育論』日本放送出版協会，2009年
福田弘『人権意識を高める道徳教育』学事出版，1996年
藤田昌士『道徳教育　その歴史・現状・課題』エイデル出版，1985年
村田良一・三浦典郎編著『道徳教育の研究』協同出版，1988年
吉田武男編『道徳教育の指導法の課題と改善―心理主義からの脱却―』NSK出版，2008年
吉田武男・田中マリア・細戸一佳『道徳教育の変成と課題―「心」から「つながり」へ―』学文社，2010年
吉田武男・相澤伸幸・柳沼良太『学校教育と道徳教育の創造』学文社，2010年

第5章

未来の日本の道徳教育を展望してみよう

1．道徳教育の再構築へのヒント

（1）社会科を中心とした道徳教育

　勝部真長と同じように，一般に道徳の時間の特設を推進する道徳教育の研究者やその関係者は，現在でも戦後に見られた新教育に対しては，道徳教育の観点から見れば，社会科を中心とした道徳教育に対しては，「はいまわる経験主義」と揶揄し，判で押したように批判し続けている。確かに，社会科を中心とした道徳教育は，社会認識のレベルにとどまってしまい，道徳的価値や人間の生き方を指導するという点では不十分である。事実，1950（昭和25）年の第二次アメリカ教育使節団報告書でも，「道徳教育は，ただ社会科だけからくるものだと考えるのはまったく無意味である」という指摘がなされている。したがって，そうした意味の道徳教育は批判されてもしかるべきではあるが，社会科を中心とした道徳教育は，決して全面的に否定されるべきものではない。なぜなら，心理主義化された道徳教育を何の疑問もなく受け入れてしまう日本の道徳教育界の現代的情況下であるからこそ，皮肉なことに今日になって社会科を中心とした道徳教育から学ぶべきヒントは少なくないように思われるからである。

　周知のように，社会科を中心とした道徳教育は，修身科を中心とした戦前の徳目主義的な道徳教育を全面的に否定して登場してきたものである。戦前では，「たとえば『孝』という徳目を指導する際に，多くの場合，それを具体的な社

会生活の全体から切り離し,古い例話を用いて,その徳目にしたがう個人の心術だけを作り上げようとする傾向」があり,「その結果は道徳教育が一般的に抽象的,観念的になり,親子の間を具体的な社会生活の中で正しく合理的に処理していくこと」においては,「指導に欠けるところが多かった」のである。そのために,戦後においては,現実の社会生活に即した道徳教育が求められた。つまり,徳目よりも情況認識の志向が道徳教育にとって重要視されたのである。そこで,それまでの修身・公民・地理・歴史などの教科の内容を融合し,合理的な社会認識を育成する教科として社会科が新設され,道徳教育の中心的な位置を占めるようになったのである。1947（昭和22）年の『学習指導要領社会科編Ⅰ』（試案）でも,社会科の目標が記されているところの記述を見ても,「礼儀正しい社会人として行動するように導くこと」や「正義・公正・寛容・友愛の精神をもって,共同の福祉を増進する関心と能力とを発展させること」などの道徳教育の目標と言えるような内容が含まれていたのである。

　ところが,徳目の教授を重視する保守的な層からの道徳教育批判や社会科解体論,アメリカの対日政策の転換や我が国の政治情況などもあって,1958（昭和33）年に文部省（現在の文部科学省）が,全面主義道徳教育の基本方針を堅持しつつも,道徳の時間の特設を推し進めたのである。そのときを大きな分岐点として,我が国では,社会科を中心とする道徳教育の考え方は弱まり,現在まで,道徳の時間を中心としながら,学校の教育活動全体を通じて行うという道徳教育の方針が継承されている。その意味では,社会科を中心とする道徳教育の考え方は,現状ではあまり肯定されるものではなくなった。しかし,繰り返し指摘したように,心理主義の影響を色濃く受けて,社会とのつながりを弱めているような道徳教育の現在的情況において,子どもの道徳性の育成は十分に成果を収めていない現実を勘案するとき,否定されたはずの社会科を中心とする道徳教育の考え方を再吟味することは,一定の意味を有するであろう。なぜなら,観念やフィクションではなく,変化する現実の社会に根づいた道徳性の育成が,さらに言えば「持続可能な社会」を築いていくための道徳性の育成が,いま国際的・グローバルなレベルで求められているからである。

先にあげた勝部真長は，道徳教育の構造として，習慣化と内面化と社会化という三つの展開を構想している。習慣化とは，基本的な社会生活の行動様式を身につけさせることであり，一般に「しつけ」と呼ばれるものである。内面化とは，心理学的に言えば「動機づけ」のことであり，倫理学的に言えば「魂のめざめ」である。社会化とは，「実践化」のことであり，集団における行動化や組織化である。彼によれば，習慣形成が他律から自律的なものに転換し，自発性に裏づけられた行動になって始めて，内面化の段階が開かれるという。その内化の段階を経て，子どもは自分のなすべき意味をわかるようになるが，それだけでは，わかっているのに実行できないということになる。特に，遠慮や引っ込み思案とか事なかれ主義といった日本の国民的心性を考えれば，実践化していくためには第三の社会化の段階が必要であるという。そこで，日本の学校では，行動の社会化を通じて社会の場における公人としての行動や，組織の中での自己の責任が学ばれなければならないとされている。このような勝部真長の論を見ても，内面化だけが強調されるのではなく，その前後に社会認識や社会行動があわせて重視されている。つまり，新教育を批判し，道徳の時間の特設を求めた彼にあっても，社会や生活の認識，さらにはその行動のかかわらない道徳教育はあり得ないのである。

　したがって，心理主義的な内面化だけが自己のみで発展し続けることは一般的にはあり得ず，それどころか神や仏の存在規定を前提としない日本の子どもにとっては，そうした内面化はむしろ自分の傲慢さやエゴを助長させるだけであろう。その意味では，現在の日本において，内面化は，社会との現実的・具体的な経験とのかかわりの中で行われてしかるべきものである。その点から言えば，社会科を中心とした道徳教育の考え方は，道徳教育における社会の重要性を教えてくれるものであり，ある部分において積極的に活用されてよいものである。

（2）NIE による道徳教育

　もちろん，「方法に万能はない」が，道徳教育において過度の心理主義化を

防ぎ，社会の重要性を大切にする方法の一つとして，NIEの方法があげられる。NIEとは（Newspaper in Education）の頭文字を取ったものであり，新聞を活用した教育活動のことである。この方法それ自体は，特に教育現場において目新しいものではないが，バーチャルな世界に没入しがちな高度情報化社会にあって，現実社会との情況性を断ち切り，心理主義的な手法に則ってフィクションの世界に偏りがちな今日の道徳教育の現状をかんがみるとき，再評価すべきものであると考えられる。

新聞記事は，心理主義的な手法の一つであるモラルジレンマ授業に利用されることも少なくない。具体的に言うと，対立した二つの価値観の新聞記事が道徳資料として取りあげられ，子どもたちは，自分ならどちらの立場を支持するのか，について意見交換し，友だちの意見を参考にしながら，自分の価値観を身につけさせようとするものである。

また，新聞記事は，もちろん副読本以上に，道徳の時間のための資料として使用されてよいものである。なぜなら，新聞記事は，多種多様な人間の社会事象の中で総合的・調和的に道徳的価値を包含し，また日常の社会や生活との情況性を確保しているために，さまざまなかたちで「生きた教材」としての資料になり得るからである（しかし，小学生には，一般の新聞記事は内容的に無理ではないか，という疑問も確かにあるだろうが，年齢的に読解が不可能な場合には，子ども向けの新聞の利用も可能である）。しかも，新聞記事は，道徳資料としてわざと作られていないだけに，何よりもあの副読本のような白々しさがなく，また，教科教育における知識の現実的応用という側面を有しながら，現実の社会や生活との「つながり」をつねに有した「生きた教材」であるために，むしろ自然なかたちで道徳的価値を内包している。その意味で，新聞記事は，道徳の時間においていわば現実社会とつながった重要な資料になり得るものである。

さらに，新聞記事は，道徳の時間以外の領域でも，つまり各教科や総合的な学習の時間などにおいても，直接的ではなくても，間接的な道徳教育に寄与できるものである。なぜなら，社会・情況還元論的な視野を提供する新聞記事は，生活や社会との関係性の中で道徳的価値をつねに包含しているからである。特

に，総合的な学習の時間において，共同的な新聞記事の切り抜き作業や発表会などのNIEの活動を通して，有益な道徳的実践の場が形づくられるであろう。さらに言えば，そうした活動から，新聞の読者欄への投書および自分たちの活動記事などの掲載が生まれるなら，まさに子どもたちは学校の領域を超えて，実社会への参画の貴重な体験を味わうことになるであろう。そのうえ，社会事象の生きた知識を総合的に提示している新聞記事は，ファミリーフォーカス（家族との意見交換活動）の話題になりやすいものであるために，道徳教育にとっての学校と家庭との連携にも貢献し得るものである。

　このように，NIEという方法は道徳教育の方法として有益な特徴を有しているが，そうであるからと言って，心理主義の方法と同様に，万能薬のように「やみくもに」受容され過大評価されるべきではないであろう。

　しかし，NIEは，現実情況へのつながりだけでなく，教師の存在意義と資質能力を高めることにつながる点で，すぐれた方法である。なぜなら，心理主義の方法の下では，教師は開発されたプログラムのユーザーないしは執行人のレベルにとどまってしまうのに対し，NIEの下では，教師はまずマニュアルに学びながらも，やがてそれを乗り越えて，「ある教材」から「なる教材」への変換を創造的に図るカリキュラムのデザイナーないしは開発者のレベルになり得るからである。つまり，後者の下では，教師に対してより大きな自由と責任が与えられ，教師自身が好奇心の目を輝かせて自分で教材をつくり出すことになる。教師自身が，教材づくりやその指導法の開発に好奇心の目を輝かせることで楽しくなれば，相乗作用で子ども学んでいて楽しくなるであろう。その結果，教師自身が努力すれば，健全に成長し輝き，またそれによって子どもも健全に成長し輝くことになる。そのような可能性をもつだけに，NIEの研究と実践は，教師の力量形成に対して一つの刺激剤となると同時に，特に道徳の時間については，わざとらしい道徳資料に執着し続けて何ら大きな成果を上げられないでいる道徳教育界に対して，根本的な改善に向けての大きな刺激となるであろう。

（3）同和教育・人権教育による道徳教育

　同和教育の実践は，西日本を中心に盛んに行われてきた。道徳の時間に，しばしば同和教育に関連する教材が使用されることも少なくなかった。その中でも，たとえば，奈良県の『なかま』や大阪府の『にんげん』が同和教育の教材として有名である。

　同和教育は，くらしの現実から差別や人権を学び，学習と生活との結合をめざした「仲間づくり」の実践を通じて，社会的な差別を克服できるような力を子どもに身につけさせるものである。したがって，学校では，同和教育の大原則は，「しんどい子を中心に据える」という学級づくりに求められる。そのために，同和教育の実践では，教師は，手間暇のかかる面倒な子どもに対して何らかの障害名や病名を安易につけて結果的に学級から排除しようとする最近の傾向とは対照的に，「しんどい子」を包含した学級の共生的・共同体的な集団づくりを重視することになる。それによって，結果的に，道徳教育で言うところの「道徳的雰囲気」の醸成が図られるとともに，日常的な道徳的実践の場が学校生活の中に作られることになる。

　ところが，現在，西日本だけでなく全国的に，同和教育が国際的な流れの人権教育に収斂される傾向にある。しかし，同和教育は，日本独自の地域性や集団性の文化にかかわる側面を強く有している点で，グローバル的で個人還元的な傾向の強い人権教育には還元しきれない特質を一部有している。特に，「豊かな心を育てる」に矮小化したような人権教育は，社会的な差別を克服しようとする同和教育とは，根本的に異なるものである。そのような人権教育は，本来的な同和教育の視点から見れば，「融和主義」に沿った「融和教育」と見なされてしまうのである。したがって，同和教育と人権教育にあいだには多くの共通点が見られるが，そのような差異も踏まえながら，全国的・国際的に広がっている人権教育を見ていかなければならないであろう。

　周知のように，国連は，全世界における人権保障の実現のためには人権教育の充実が不可欠であると見なし，「人権教育のための国連10年」（1995〜2004年）を実施した。また，2004年には国連総会が，全世界的規模で人権教育の推

進を徹底させるための「人権教育のための世界計画」を2005年に開始する宣言を採択している。2005年7月には，その具体的内容を定めた「行動計画改定案」（わが国は共同提案国）が国連総会において採択されている。

　こうした人権教育の国際的潮流の中で，日本も人権教育の推進に努力してきた。たとえば，2002年の「人権教育・啓発のための基本計画」の閣議決定，文部科学省における2003年の「人権教育の指導方法等に関する調査研究会議」（座長：福田弘筑波大学名誉教授）の設置などである。特に，その調査研究会議では，いくつかの中間的な取りまとめがこれまでに公表されてきた。

　「第3次とりまとめ」によれば，人権教育は，「自他の人権の実現と擁護のために必要な資質や能力を育成し，発展させることを目指す総合的な教育」とされ，その究極的な目標を「自分の人権を守り，他者の人権を守るための実践行動」の実現に置いている。このような実践行動を生み出すには，「自分の人権を守り，他者の人権を守ろうとする意識・意欲・態度」の育成が必要であろう。そして，こうした意識・意欲・態度は，「人権に関する知的理解」の深化と「人権感覚」の育成とが相補的・総合的に進展するときに，子どもの内面に生まれ，育つと期待されている。また，この「人権感覚」が健全に働くときに，自他の人権が尊重される「妥当性」を肯定し，逆にそれが侵害されることの「問題性」を認識して，人権侵害を解決せずにはいられないとする，いわゆる人権意識が芽生えてくる。つまり，価値志向的な人権感覚が知的認識とも結びついて，問題状況を変えようとする人権意識または意欲や態度になり，自分の人権とともに他者の人権を守るような実践行動に連なると考えられている。

　こうした価値・態度および技能は，単に言葉で説明して教えるというような指導方法によっては，とても育成できない。むしろ子どもが自らの経験を通してはじめて学習できるものである。つまり，子どもが自ら主体的に，しかも学級の他の子どもたちとともに学習活動に参加し，協力的に活動し，体験することを通してはじめて身につくと言えよう。そのためには，自分で「感じ，考え，行動する」という主体的・実践的な学習の場が必要である。したがって，人権教育の指導方法の基本として，子どもの「協力」，「参加」，「体験」を中核に置

くことが重要視され，いわゆる参加体験型学習が求められるのである。

もちろん，参加体験型学習に見られるような体験的学習は，今日では広く実践されるようになったが，そこでは，「体験すること」は，それ自体が目的なのではなく，いくつかの段階からなる学習サイクルの中に位置づけられるべきものである。したがって，個々の学習者における自己体験などから，他の学習者との協同作業としての「話し合い」，「反省」，「現実生活と関連させた思考」の段階を経て，それぞれの「自己の行動や態度への適用」へと進んでいくことが大切である。

しかし，福田弘も言うように，人権教育の成否を決するのは，そのような教育内容や指導方法の工夫だけではない。教育全般についても当てはまるが，同和教育の場合と同様に，学校や学級という学習の場の在り方や雰囲気の質が決定的な重要性をもつのである。したがって，人権教育においては，学校や学級，家庭や地域社会そのものを，人権尊重が具体的に実現されているような場に変えることが大切である。つまり，「隠れたカリキュラム」が重要になる。特に，子どもの人権感覚の育成には，体系的に整備された正規の教育課程と並び，いわゆる「隠れたカリキュラム」が考慮されねばならないのである。

以上見てきた人権教育の理論と実践の中には，日本の道徳教育の再構築にとって有益なヒントが包含されている。その主なものとして，次の三点があげられる。

第一に，人権教育の根底には，「侵すことのできない永久の権利」としての基本的人権が尊重されているところである。つまり，そこには，「人間尊重の精神」が見られる。最近の道徳教育では，「道徳教育の充実」という言葉の下に，多種多様な諸要求が盛り込まれるようになり，結果的に根本的な部分がなおざりになっている。周知のように，学習指導要領の総則に「道徳教育は，教育基本法及び学校教育法に定められた教育の根本精神に基づき，人間尊重の精神と……」と記述されているが，得てして新しく盛り込まれた用語だけが注目され，「人間尊重の精神」という道徳教育にとっての根本的な言葉とその意味が忘れられがちである。そのような状況に対して，人権教育は，道徳教育の初

心を想起させてくれる点で，大いに参考になる。ただし，「人間尊重」という言葉が，人間や個人の利己的な尊重につながってはいけないということは言うまでもない。

　第二に，人権教育では，「人権感覚」という「感覚」の育成が重要視されているところである。さらに言えば，価値志向的な「感覚」が知的認識とも結びついて，問題状況を変えようとする意識になるという発想は，これまでの道徳教育にはあまり見られなかった。道徳教育では，従来から判で押したように，求められる道徳性の内容としては，「心情」，「判断力」，「実践意欲と態度」が個別にあげられ，内面化という心理学的に見れば「動機づけ」に重きが置かれ続けてきた。このような道徳教育の停滞した状況を改善するために，人権教育の発想は，一考に値するものである。

　第三に，人権教育では，総合的な教育や参加体験型学習や「隠れたカリキュラム」が考慮されているところである。もちろん，道徳教育でも，学習指導要領の総則に，「学校における道徳教育は，道徳の時間を要として学校の教育活動全体を通じて行う」という記述が見られるが，現実の教育現場では，道徳教育は，正規の教育課程に属する「道徳の時間」と同一視される傾向にある。つまり，「道徳教育の充実」は，「道徳の時間の充実」とほとんど同じような意味になりがちである。特に，新しい学習指導要領では「要」という言葉によって，そうした傾向はいっそう強まっている。したがって，人間の根幹にかかわる道徳教育には，人権教育と同様に，「総合」，「参加」，「体験」，「隠れたカリキュラム」という視点が欠落してはならないであろう。その意味でも，人権教育の実践は，道徳教育界を覆いがちな偏狭な傾向に，警鐘を鳴らしていると言えよう。

　今後，人権教育を道徳教育の中に位置づける研究と実践が待たれるところである。ただし，言うまでもないことであるが，自分の人権だけを尊重するような人権教育は，未熟な自我の肥大化につながる心理主義と同様に，否定されるべきものである。

（4）シティズンシップ教育による道徳教育

　1990年代以降，グローバル化の進展，環境問題をはじめとした地球的問題の深刻化，社会の多様化に伴う共同体意識や公共規範の低下などの国際的な問題情況にあって，従来的な「国民」の育成や「公民」の育成ではない，シティズンシップ（citizenship）の育成が世界規模で推進されるようになった。しかし，シティズンシップ教育と言っても，その国や地域，あるいはその関係組織の特徴がそれぞれ異なっているために，その意味する内容も決して同じではない。たとえば，イギリスでは，2002年よりシティズンシップ教育は中等教育段階（第7学年）から必修教科となっている。ドイツでは，シティズンシップ教育は，「民主主義の学習」として，主に政治教育に重点を置く社会科学諸科目の中で扱われている。また，ユネスコでは，シティズンシップ教育は，人権教育と相補的に扱われている。それに対し，我が国では，経済産業省が2005（平成17）年に「シティズンシップ教育と経済社会での人々の活躍についての研究会」を発足し，その翌年の2006（平成18）年4月に，『シティズンシップ教育宣言』を発表している関係で，シティズンシップ教育は，新自由主義的な経済的文脈でとらえられている。そのために，「自己責任」をもって競争社会を生き抜ける資質が強く求められている。したがって，シティズンシップ教育という言葉は，とても一義的に規定され得るものではないが，ここではとりあえず，市民性を育てる教育という意味で大きくとらえておくことにする。

　我が国では，シティズンシップ教育に関連する先駆的な実践としては，お茶の水女子大学附属小学校の「市民」と品川区の「市民科」があげられる。前者の「市民」は，「社会の変化を創造する力」の育成を目標とした学習分野である。それに対し，後者の「市民科」は，生活経験や社会体験の少ない子どもに道徳的価値・判断基準を問うような従来の道徳教育の限界を意識しながら，「教養あるよき市民としての資質や能力を育む」ことを目的とした教科である。したがって，ここでは，後者の「市民科」について少し詳しく見てみよう。

　周知のように，品川区は，2003（平成15）年に構造改革特区の小中一貫教育特区に指定され，2006（平成18）年4月より小中一貫教育を開始した。「市民

科」は，小学校の1年生から9年間にわたって実施される新教科であり，従来の「道徳」「特別活動」「総合的な学習の時間」を有機的に統合させたものである。そこでは，市民性の育成のために，9年間が4つに区切られ（1・2年生，3・4年生，5・6・7年生，8・9年生），7資質（主体性，積極性，適応性，公徳性，論理性，実効性，創造性）と5領域（自己管理，人間関係形成，自治的活動，文化創造，将来設計），15能力（自己管理，生活適応，責任遂行，集団適応，自他理解，コミュニケーション，自治的活動，道徳実践，社会的判断・行動，文化活動，企画・表現，自己修養，社会的役割遂行，社会認識，将来志向）が設定されるかたちでカリキュラムが構造化された。それによって，各教科などで学ぶ知識や技能が有機的に関連されながら，そうした資質や能力が育まれ，社会生活を営む上での実践的な学習が展開されるという。

したがって，市民性の育成を目指す「市民科」では，道徳教育に関して言えば，現実社会とつながった道徳性の育成が求められることになる。そこには，道徳性は，「訓練と実践と習慣において獲得するものであり，読み物や話合いは，知識はもてるが意識並びに行動様式は形成されない」，という信念が垣間見られる。このような道徳教育の発想は，心理主義化の影響によって個人主義的な傾向（ミーイズム）とバーチャルな世界に陥らせがちな現代の道徳教育の趨勢に対して，大いなる反省を迫っていると言えよう。その意味で，「市民科」の構想は，道徳教育の在り方のみならず，「道徳」「特別活動」「総合的な学習の時間」というかたちで分散している現在のカリキュラムの有り様についても，大きな問題提起をしているのである。

ただし，「方法に万能はない」のであって，このような品川区の「市民科」が，決して万能な教科領域ではない。たとえば，「市民科」では，社会的に有為な人材の効果的育成という実学的な傾向が強いが，果たして初等教育段階から，そこまでそうした傾向を強めることが子どもの成長にとって本当に望ましいものであるのか，再吟味が必要であろう。

2．道徳教育の再構築に向けての私的提案

（1）道徳の時間の呪縛

　既述したように，1958（昭和33）年，第二次世界大戦前の道徳教育と第二次世界大戦直後の道徳教育の反省のうえに立って，我が国では，道徳の時間の特設が全面主義的道徳教育の基本原理を変えないかたちでカリキュラムに組み込まれた。このような我が国の道徳教育の枠組みは，基本的には現在まで継承されているが，これまで，あるいは現時点においても，さまざまな変更が紆余曲折を経ながら続けられた。

　批判を恐れずに大局的に言えば，道徳の時間に対して批判的な立場の教育関係者は，一般に「学校の教育活動全体を通じて」という全面主義的道徳教育の正当性を強調してきた。また，道徳教育や道徳の時間にあまり関心を示さない人たちも，そうした全面主義的道徳教育の正当性を傘にしながら，道徳授業の工夫を怠り，熱心に取り組まない傾向にあった。それに対抗する人たちは，特設した道徳の時間を拠り所に，学校における道徳教育の実践を推進しようとした。そこには，特に生活指導による道徳教育の可能性を根拠に，道徳の時間の特設に反対する人たちに対抗する方略として，その特設の意義を強調したいという行政側の事情も垣間見られる。そのために，現在までの過程において，文部省（現文部科学省）は，道徳資料の作成や，最近で言えば『心のノート』の作成と配布をはじめ，さまざまな振興策や指導・助言に努力を重ねてきたのである。そうした経緯もあって，つねに道徳の時間に執着した改善が行われてきた。2008（平成20）年に告示された学習指導要領を見ると，その姿勢はより顕著に貫かれている。たとえば，小学校学習指導要領の第1章総則の2において，道徳教育は次のように記されている。

　「学校における道徳教育は，道徳の時間を要として学校の教育活動全体を通じて行うものであり，道徳の時間はもとより，各教科，外国語活動，総合的な学習の時間及び特別活動のそれぞれの特質に応じて，児童の発達の段階を考慮

して，適切な指導を行わなければならない。」

　従来の学習指導要領では，「学校における道徳教育は，学校の教育活動全体を通じて行うものであり，道徳の時間をはじめとして……」と記されていたが，新しい『学習指導要領』では，「学校における道徳教育は，道徳の時間を要(かなめ)として学校の教育活動全体を通じて行うものであり，……」と記された。つまり，「要」という言葉を用いることによって，「道徳の時間」の，道徳教育における中核的な役割や性格がより強調されたのである。また，その結果として，「学校の教育活動全体を通じて行う」という戦後の道徳教育の基本原理である表現が，「道徳の時間」よりも後置されることになり，相対的に弱まることになった。文言の変更によって，一方が強まれば，他方が相対的に弱まるというのは，至極当然のことである。その意味では，このような『学習指導要領』の改訂に伴う変更は，道徳の時間を学校の道徳教育の中心により強固に位置づけ，そこでの指導によって学校全体における道徳教育の充実を図ろうとするものである。

　もちろん，道徳の時間がカリキュラムにおいて道徳教育の中心的な位置を占めるという点に関しては，大多数の教育関係者も異論のないところであろう。それゆえ，道徳の時間の改善が強調されることは，決して誤りではない。

　しかし，道徳教育の充実のために，道徳の時間だけが注目され，道徳教育の改善が，道徳の時間の改善と同一視されると，それはそれで新たなマイナス効果を生み出し，新たな問題性を出現させることになる。さらに，道徳教育の改善が，道徳授業の目的・内容・方法に関して十分に検討することなく，道徳科の新設と同一視されると，それは少なくてもテストや評定などの問題によって，道徳教育にとってもっと大きな問題と混乱を引き起こすであろう。

　理想論から言うと，道徳教育は，学校だけではなく，まず家庭において，続いて地域社会において自然に行われるべきものである。新しい『学習指導要領』でも，道徳教育にかかわって，教育基本法の改正を受けるかたちで，伝統や文化の尊重が力説されているが，子どもが伝統や文化に最初に触れるのは家庭，そして地域である。したがって，その点については，まず家庭教育が，続いて地域が担うべきである。また，新しい『学習指導要領』で強調されているよ

郷土愛も，元来は学校ではなく主に地域社会で醸成されるべきである。ところが，現在の我が国においては，残念ながら家庭や地域の教育力はとても十分なものではないために，子どもの人間的な成長が保障され得ていない。したがって，そうした問題に応えるために，学校における道徳教育は，相対的に強化されざるを得ないのである。

　このように見てくると，道徳教育は，実際には，家庭でも，地域社会でも，さらには学校でも可能であることに気づかされる。つまり，道徳教育は，さまざまなところで行われる訓育機能である。すなわち，道徳教育という言葉は，本来的に機能概念であって，領域概念ではない。それに対して，道徳の時間という言葉は，カリキュラムないしは時間割上の領域概念である。したがって，機能としての道徳教育と，領域としての道徳の時間とは，根本的に異なる概念である。その意味で，道徳教育と道徳の時間とは明確に区別されなければならない。道徳教育と道徳の時間との同一視や混同は，理論的にも誤謬であると同時に，機能としての道徳教育を道徳の時間としてきわめて矮小化してとらえてしまい，「学校の教育活動全体を通じて行う」という戦後の道徳教育の基本原理を疎んじてしまう点で，大きな問題を生じさせてしまう。そのようにならないために，訓育機能としての道徳教育は，道徳の時間の領域に決して閉じ込めるべきではないのである。また，話題となっている道徳科についても，道徳の時間と同じことが言えるのである。その点について，人間の体に喩えて理由を言うとすれば，道徳は教育の「いのち」であり，「いのち」は一つの臓器（たとえば，心臓）に閉じ込められるべきものではないからである。

　確かに，道徳の時間は過去に混乱を押し切るかたちで誕生したという辛い歴史があっただけに，道徳教育の専門家と呼ばれる人たちの中には，道徳の時間の重要性を何としても強調したい人たちが少なくなかった。そうした人たちは，得てして過去のトラウマ体験に取り憑かれたように，道徳的価値の含む資料を使うかどうかで，道徳教育と生活指導・生徒指導との差異化を図りながら，道徳の時間の独自性を主張したがる傾向にある。そこには，学校における道徳教育それ自体よりも，道徳の時間だけを守りたいとしか思えないような，歪めら

れた姿勢もしばしば垣間見られる。

　現在，道徳の時間の特設から50年以上も経過し，一部のイデオロギー的な批判はあるものの，道徳授業は確実に学校のカリキュラムに定着しており，道徳の時間のトラウマ的な呪縛から脱却した，新たな道徳教育に向けての授業の構築が求められるべきであろう。そのためには，発想の大転換が必要である。

　具体的に言えば，過去の50年間以上にわたる実りの少ない方策から脱却する意味で，一旦，学校における道徳教育の機能を道徳の時間の領域に限定することなく，「学校の教育活動全体を通じて行う」という道徳教育の基本原理に則りながら，むしろこれまでの長い間，あまり行われてこなかった道徳の時間以外の領域のところで展開するさまざまな実践が，積極的に研究されるべきであろう。そうした研究によって，道徳の時間以外の領域において育成される道徳性の内容が明確になるであろう。そこから，これからの「持続可能な社会」に参画できる人間に必要な道徳性の内容のうち，そこで何が育成されるのか，が解明される。その結果，そこですべての必要な道徳性の内容が育成されてしまうのならば，もちろん道徳の時間は廃止されるべきものになる。

　しかし，決してそのような結論は生じないであろう。つまり，中核になるような時間のない道徳教育は，世界的に見ても考えられないからである。欧米に目をやってみると，アメリカにおける社会科や公民科を通じての市民的資質の育成という意味での公民教育，あるいはフランスにおける世俗的な道徳教育としての道徳的公民教育を除いてほとんどの国や地域では，宗教科の授業が道徳教育の大きな中核となっている。もちろん，ドイツの一部の州において宗教科の代替として「倫理に相当する科目」の授業が行われていたり，イギリスでは宗教から脱却した道徳教育を求めて「ライフライン計画」が1970年代に進められたりしたが，基本的には，今でも宗教科の授業が道徳教育の大きな中核となっている。また，中東諸国については，宗教科の重要性は言をまたない。つまり，世界的には，宗教科を中核に据えているように，何らかの領域を中核に据えた道徳教育が実践されているのである。

　したがって，現在のわが国でも，戦前に修身科の授業がそうであったように，

何らかの領域の授業が道徳教育の中心に置かれてしかるべきである。その授業の中で特に育成されるべき道徳性が明確にされたうえで，その授業との関連でそれ以外の領域における道徳教育の在り方が導かれることになる。そのような学校のカリキュラム全体を包み込むようなかたちで，道徳教育の中核となる授業の改革が考えられることなく，現在のように，一領域の道徳の時間にだけ個別に執着されていても，学校における道徳教育の発展は望めないであろう。

　このような課題意識から，新たなよりよい道徳教育の在り方を構想するために，特に道徳の時間にかかわる問題点を，新しい『学習指導要領』から敢えて洗い出してみると，次の三点をあげることができよう。

　第一に，「要」という言葉が道徳の時間とのかかわりで新しく加えられたことである。

　従来の『学習指導要領』の「第1章　総則」では，我が国の道徳教育の基本方針は，「学校における道徳教育は，学校の教育活動全体を通じて行う」と記され，いわゆる「全面主義的道徳教育」を標榜するものであった。ところが，新学習指導要領では，「道徳の時間を要として」という文言が，「学校における道徳教育は，道徳の時間を要として学校の教育活動全体を通じて行う」という「全面主義的道徳教育」の基本方針の文章の前に記された。この修正が，道徳の時間の重要性を強調したいという意味なのか，あるいは道徳の時間を「学校の教育活動全体を通じて行う」ことよりも優先したいという意味なのか，についてはよくわからないが，いずれの解釈をしても，機能としての道徳教育よりも領域としての道徳の時間に執着していることは明らかである。この姿勢の是非については，根本的な検討が必要である。特に，修正の意図が後者のような意味とするならば，その実践的な姿勢は，道徳の時間を修身科と読み換えると，領域としての授業に異常に執着している点で，実質的に戦前の道徳教育への先祖返りに近いものになってしまうのである。

　第二に，「生き方についての考え」という文言が小学校における道徳教育の目標に加えられたことである。

　新しい『学習指導要領』の「第1章　総則」では，道徳教育の目標に関して

は，基本的には大きな変更点はないが，教育基本法の改正の影響を受けて，「伝統と文化」を尊重することや，「我が国と郷土」を愛することや，「公共の精神」を尊ぶことなどが新たに強調されるようになった。また，小学校および中学校の『学習指導要領』の「第3章　道徳」では，それらの強調された文言は，道徳教育の内容のところに反映され，道徳教育の目標のところでは，小学校の『学習指導要領』において，「自己の生き方についての考え」という文言が新しく加えられた。つまり，中学校の『学習指導要領』における「人間としての生き方についての自覚」の記述に対応するかたちで，小学校でも「自己の生き方についての考え」という記述が出現したのである。

　こうした記述によって，結果として，中学校や高等学校の段階からではなく，小学校の段階から道徳教育とキャリア教育との連携が求められるようになった。キャリア教育につなげるような配慮は，一面では心理主義に偏りがちな道徳教育の情況にあって，現実を見つめさせる点できわめて望ましいことである。しかし，他面では，たとえば小学生低学年のような幼少の段階から，「自己の生き方」について子どもに考えを深めさせようとするのは，発達段階から見てもあまりにも早過ぎるのではないか。また，後述することになるが，多くの子どもにとって達成不可能な文言，たとえば「自己の生き方についての考え」を深めるような文言を目標としてかかげること，つまり高尚な願いや意図のようなものを目指すべき指標としてかかげることは，今日のように計画・実施・評価というシステマチックな実践を指向しがちな教育現場にとって無意味であると同時に，永遠に達成できないような目標に向けてのループを無邪気な年少時代から子どもは歩まされ，結果的に達成感とは反対の徒労感や挫折感から来る悩みを味わされることになる点で，きわめて有害ですらある。

　第三に，道徳的価値に相当する道徳の内容項目の区分が，1989（平成元）年版のときに採用された四つの視点から整理され続けていることである。

　既述したように，小学校および中学校の『学習指導要領』の「第3章　道徳」では，あいかわらず，そこでの道徳の内容項目は，1958（昭和33）年版の時のように具体化した四つの目標に応じた区分ではなく，目標と何ら関係のな

い唐突に登場した四つの視点が指標として区分されている。この視点は，確かに内容項目のわかりやすい区分の仕方を提示することにつながったが，その反面，第2章において指摘したように，目標と内容との関連性を失わせてしまうという問題点を引き起こしたのである。

　それに加えて，さらにその問題点について言うと，その四つの視点は，すべて「私」個人の目線から世界をとらえようとしている。別な言い方をすれば，四つの視点に対して，主語を考えると，それはすべて「私」である，というような表現が見て取れる。そこには，つねに「私」が中心という，自己中心性，さらに言えば，自己崇拝的なもの，ないしは利己主義的なものが強くにじみ出ている。特に，最初の区分として「主として自分自身に関すること」という視点が打ち出されることによって，現実に生活や社会などと有機的につながった人間の道徳的価値が，まず無機的なかたちで個々人のものに限定的に分割されたうえで，残ったものが机上で次々と他の三つの区分に分割されて提示されることになる。もちろんそのような区分でも支障のない道徳的価値もあるけれども，既述したように，一つの区分に収まりきれない重要な道徳的価値の内容項目が，道徳的に意味のない区分の割り振りのために修正・削除されたりしているということも事実である。つまり，方法の目的化という誤りが，実生活に有益な道徳的価値をゆがめているのである。

　したがって，まず四つの区分が金科玉条のごとく受け取られるのではなく，日本の子どもの社会生活に有益な個々の内容項目が，次回の改訂の際に道徳教育の再構築のために考えられるべきであろう。そこに，心理主義化された道徳教育からの脱却の一つの大きな糸口も見出されるのである。想像するに，その部分の変更は，道徳の時間を道徳科に変更する以上に，道徳教育に抜本的な変化をもたらすであろう。

　以上のことからも明らかなように，現状の道徳授業の有り様は，あまりにも過去の道徳教育の呪縛や現在のしがらみ的なものに巻き込まれてしまっている。そのうえ，道徳の時間の特設から50年以上も経過しているにもかかわらず，大きなその効果が確認されないのであるから，『学習指導要領』における昨今の

加筆修正のような対症療法的対策ではなく，人間形成および学校教育全体からの視野から，日本の道徳教育ないしは道徳の時間それ自体の抜本的な改革が，道徳の教科化も聖域とすることなく，検討されるべき時期に至っていることは確かであろう。

（2）「心の教育」からの脱却

　本書のこれまでの論述から察せられるように，筆者自身は，現在の道徳教育を改善するには，過去のしがらみを断ち切った抜本的な改革が必要であると考えている。特に最近では，道徳の時間への執着と心理主義への依存，という意識からの脱却が重要な鍵をにぎっていると考えている。前者については，すでに簡単に言及したので，以下では，後者について説明する。

　心理主義への依存からの脱却について言うと，本書で繰り返し指摘したように，早急にその問題性が教育現場で自覚されるべきであろう。近年の歴史を振り返って想像するに，道徳教育の主導的な立場にいた善良な関係者たちは，困難な課題に日々の弛まぬ努力を積み重ねてきたにもかかわらず，いわゆる保守的な層からの突き上げと，いわゆる進歩的な層からの批判を受けながら，目に見えた成果を出せないで困惑していた。そのときに，そうした関係者たちは，「おぼれる者はわらをもつかむ」という諺のように，高まりつつあった「心の教育」の時流の中で，甘い誘いに思わず乗ってしまったのではないだろうか。その時流に乗った象徴的な産物が，名称にも明白に表れている『心のノート』である。

　既述したように，その内容にも，アメリカ流の心理主義の影響が色濃く出ており，このまま放置されるなら，現実の社会生活を営むための道徳教育にとって，大きな問題が生じてしまう。もちろん，『心のノート』の内容や方法がすべて否定されるべきものではないが，道徳教育に深く浸透しているアメリカ流の心理主義の危険性が，もっと日本の教育関係者および教育機関の中で自覚されなければならないだろう。少なくても，道徳の時間の特設に尽力していた1958（昭和33）年頃には，そのような心理主義の危険性は，道徳教育の主導的

な立場にいた関係者たちの間では共通理解されていたはずである。さらに言えば、そのような共通理解が明確にあったからこそ、戦後の新教育の方針と決別して、道徳の時間の特設が主張されたのである。

たとえば、本書では繰り返し名前を引き合いに出している、1957 (昭和32) 年から文部省内の「教材等調査研究道徳小委員会」の委員として道徳の時間の特設を推し進め、日本道徳教育学会や日本倫理学会の会長を務めた勝部真長は、「戦後の新教育の特色は、心理主義という点にある」と見なし、次のように戦後の新教育の情況を嘆いていた。

「新教育では、『教育学イコール心理学』であるかのごとき観を呈した。教育学とは、実は児童心理学や発達心理学や教育心理学や学習心理学をその主な内容とするかのようにみえた。実際、教育学の領域から心理学の要素を抜き去ったら、あとに何が残るのか。あとはカラッポになりはしないか、と思われる位であった。」

そのうえで、勝部真長は、理論を受け入れる側の我が国の問題点に気づきながら、次のように続けて言っている。

「戦後の新教育はアメリカの教育理論を十分に消化しきれずに終った。ただ心理学的な部分だけは、分りやすく、入りやすく、取っつきやすかったために、主として心理学を中心とする教育理論や教育方法が、紹介され、興味をもたれ、吸収されていったのである。そこに新教育の心理主義とよばれる傾向が生れた。この傾向は、ジャーナリズムにも同様にみられる所であって、何か社会に事件が起れば、新聞やラジオは、すぐに心理学者の意見をきき、その社会心理学の分析による解釈や説明を、事件の報道にそえて紹介するのを常例としてきた。」

このような勝部真長の主張は、まるで50年後の現在にも当てはまるような指摘であり、我が国の教育が心理主義に陥る原因をみごとに言い得ている。さらに、勝部真長は続けて、道徳教育にかかわった心理主義の問題性を次のように

述べている。

「もし心理学者がなにか『かくなすべし』といった行為の規準や生活の指針を与えているとすれば、それは心理の事実の説明以外に、心理とは別な他の要素、その心理学者自身の哲学とか人生観とか、あるいはたんなる常識とかによる判断や推理をつけ加えて、いっているのであって、心理から直ちに倫理をひき出すのは、論理的に飛躍していることなのである。」

このように、勝部真長は、およそ50年前に心理主義の問題性をみごとに見抜いていた。それにもかかわらず、最近の道徳教育の主導的な立場にいる多くの関係者たちは、だれからも反論されにくい「心の教育」という時流に乗りながら、心理主義の問題性に気づくことなく、たとえば臨床心理学から提示されたマズローの「自己実現」のような概念をありがたく信奉してしまっている。既述したように、そこでは、「自己実現」という言葉は、青少年の成長の過程ではなく、すぐれた老齢者の最終状態の存在を示す概念である、ということが見過されている。マズローは、「自己実現」を果たしたと思われる実在の人物、たとえば、ゲーテやワシントンなどの分析を通して「自己実現」の特徴を帰納法的に導き出し、過去に現在の姿のイメージを映し出したに過ぎないのである。したがって、そのような概念をすべての子どもに対しての唯一の指標として、現在の中に将来の可能性を見ようとすることは、きわめて危うい心理主義の方法である。そもそも、マズロー自身が次のように述べていることも、多くの学校の教育者は気づいていないようである。

「自己実現は若い人には生じない。少なくともわれわれの文化では、若者はまだ自己同一性あるいは自律性を達成していない。忍耐し、誠実であり、ロマンチックを通り越した愛情関係を経験するに十分な時間を経てもいない。天職も見出してもいない。彼らは彼ら自身の価値体系も確立していない。」

このように述べるマズローをはじめ、フロイト、エリクソン、ブーバー、フランクルなどの、離散・流浪・迫害という民族的な過去をもったユダヤ系の人たちによって導き出された人間観（自己愛やアイデンティティなどの強調）は、

人間に対する深い苦悩の思索によるすぐれた学術的成果である。そのために，それらの人間観は，人間の生き方や在り方を考えるうえで，歴史や文化の異なる人々にとっても大いに参考になるが，温暖なモンスーン気候の島国の中で，個の確立よりも共同体的な歴史と文化を強くもつ日本人にとって，唯一絶対的な指標として受容すべきものではないであろう。できるだけ早く，我が国にふさわしい現実の社会生活を営むための道徳教育を構築するために，外国の借り物の人間観や目標を唯一的な指標とした「心理主義化された道徳教育」からの脱却が求められる。

　ところが，子どもがつまらないと思っている道徳の時間を活性化するために，しばしば教える側の教師は，道徳教育の目標や内容よりもその方法に逃げてしまい，子どもにとって活発そうに感じられる楽しい方法を採用しようとして，進んで「心理主義化された道徳教育」の方法を求めがちである。もちろん授業を楽しくするのは，子どもの教育にとって重要な要素であるから，そのような工夫は決して悪いことではない。しかし，そこでは得てして，道徳教育の目的や内容，さらには子どもの発達段階や特性などについて，十分な吟味検討がなされないまま，「分りやすく，入りやすく，取っ付きやすかった」心理主義的な方法だけが，採用されがちである。具体的に言えば，授業の中で討議だけが楽しく活発に行われればよいとか，授業の中で気持ちよく楽しめる構成的グループ・エンカウンターの技法が活用されればよいとか，という方法主義的なものである。もちろん，そうした方法も決して全否定されるものではないが，道徳教育の目的や内容と関係なく，教師が道徳授業の中での快活さを求めようとする行為は，とても道徳教育とは言えないばかりか，心理学の領域から借りてきた技法に依拠して，子どもの内面的な気分や気持ちを巧みに操作しているだけである。

　このように，子どもの心の内面にこだわり過ぎて，しばしば心理主義の方法に執着してしまう大きな理由の一つとしては，社会や道徳の価値的内容に関しての共通理解を得にくいという要因があげられるが，その中でも理論的に言うならば，我が国における道徳性のとらえ方が大きな要因になっている。つまり，

道徳性研究に際しては，道徳性は，内面的自覚としてとらえるか，または道徳意識と道徳的行動を統合したものとしてとらえるかによって，二つの異なった考え方が存在しているが，我が国の『学習指導要領』では，前者の考え方が一貫して強く支持されているために，どうしても必然的に内向きなことが促進されがちである。そのために，我が国の道徳教育には，従来からの読み物資料による心情主義的な方法，そして最近の心理主義的な方法が，目的や内容と関係なく入り込みやすいのである。それゆえ，道徳教育の際に，目的と内容と方法の有機的なつながりや，感覚から意識を経て行動に移すという，内面と外面とを統合した人間的特性への配慮が軽視されがちである。その結果，ある事態に対して感じられても，正しく判断でき，行動できるような人間的特性が開発されないままになりがちである。その意味では，これからの新しい道徳教育を構想するためには，目的や内容とは無関係に，たとえば「思いやり」というような気持ちだけを単独に深化させようとする道徳教育ないしは「心の教育」ではなく，道徳教育の目的と内容と方法，そして感じることと判断することと行動することを統合的に結びつけるような道徳教育がとりわけ重要になる。したがって，1989（平成元）年版の『学習指導要領』から始まった道徳の内容項目の4区分は，目標と内容の関連がまったくない点で，早急に改められるべきであろう。

　以上のことから，道徳教育の目的と内容と方法が分かちがたく結びつき，道徳教育それ自身の学びに子どもの好奇心が刺激されるような授業が，学校全体のカリキュラムとのかかわりにおいて，新しく構想されてよいであろう。もしそのような授業が展開されるなら，教える側も教えられる側も楽しく感じるだけでなく，指導計画や授業回数によって縛られなくても，教える側も教えられる側もその授業の実施を心待ちにするはずである。なぜなら，道徳に関する授業は，これまでの呪縛を断ち切り，発想のパラダイム転換を行えば，他のいかなる教科のものより，一見扱いづらく見えても，人間の在り方生き方を根本的に問う点で，はるかに内容的に深みのある特質を有している，と考えられるからである。

3．道徳教育の中核としての「日本科」の創設

　戦前の我が国では，周知のように，修身科の授業が道徳教育の大きな中核となっていた。ところが，欧米に目をやると，前述したように，基本的には，今でも宗教科の授業が道徳教育の大きな中核となっている。また，中東諸国については，道徳教育にかかわる宗教科の重要性は言を待たない。

　こうした我が国の過去や世界の様相を眺めてみるとき，宗教科であるか否かは別として，道徳教育の核となる何らかの授業は，社会化の文化装置としての学校において必要不可欠である。それゆえ，複雑な時代背景があったにせよ，戦前における修身科の設置，戦後における道徳の時間の特設は，ある意味では当然の帰結であったと言えよう。しかし，本書において繰り返し述べたように，さまざまな過去からの経緯，特に道徳の時間の特設当時に起きたトラブルのトラウマが今なお推進者側にも反対者側にもあって，道徳の時間の実情は，残念ながらうまく機能しているとは言えない情況にある。たとえ副教材の工夫や心理主義的な手法の導入，さらには『心のノート』の発行・配布がなされても，それらは対症療法の域を出るようなものではなく，道徳教育にとって大きな効果を発揮できないであろう。

　また，最近の日本では，その閉塞情況に業を煮やした人たちの層からは，道徳教育の内容も方法も，またその実態も理解しないまま，「道徳の時間」から「道徳科」への変更が叫ばれたりするが，そのような「先祖返り」的な方法は，教育現場に混乱を招き，大きな成果を生まないだけでなく，彼らの意に反して，道徳の「格上げ」ではなく，「格下げ」の施策に成り下がってしまうであろう。なぜなら，道徳は教育の「いのち」であって，道徳科というかたちで，国語科や社会科や家庭科や図画工作などのような，知識や技能を子どもに教えやすくするために作った教科と同列のレベルに扱うことは，道徳や品徳の指導を冒涜するような施策になってしまうからである。中途半端な「先祖返り」的方法は，道徳の時間以上に愚策である。どうしても「先祖返り」が好きならば，正真正

銘の「先祖返り」である「修身科」の方が「道徳科」よりも名称的にも内容的にもはるかにすぐれているのではないだろうか。

　なぜなら，「修身」という名称は，福澤諭吉や小幡篤次郎らによって，モラル・サイエンス（moral science）という語に対して「道徳科学」「道徳学」「道徳論」などと単純に直訳されるのではなく，中国の『大学』に記されている「修身斉家治国平天下」（天下を治めるには，まず自分の行いを正しくし，次に家庭をととのえ，次に国家を治め，そして天下を平和にすべきである）を下敷きに意訳されたものであり，内容的にも単なる個人の内的な「心」や気持ちではなく，社会や国をも超えたいわば世界平和という壮大な理想とのかかわりの中での一個人の「行い」（行動）が主眼に置かれていている点で，現在の「道徳」ないしは「道徳の時間」という言葉よりもはるかに壮大な理念的特徴を有しているからである。そのことに関連して言えば，1946（昭和21）年3月の『第一次アメリカ教育使節団報告書』においては，「日本人の現在持つてゐるもの即ち礼儀を以つて修身科をはじめるなら，それでよかろう。少なくとも日本の一般人は，その形式的な丁寧さで普く世界に知られてゐる」と述べられているように，実際の「行い」（行動）が修身科の中で指導されていたことを，アメリカ教育使節団は認知し，かつ一定の高い評価をしていたのである。

　このように見てくると，道徳の時間であっても，また道徳科であっても，さらにはそこでの「心の教育」であっても，根本的な改革がなされない限り，道徳教育はよくならないだけでなく，小手先の対症療法的な改革は，よりいっそう教師たちに不信感を抱かせると同時に，現実の授業を悪化させかねないのである。道徳授業に今求められているのは，実際の道徳的行為にまで影響を及ぼすような確固とした精神的価値である。それは，宗教科では教義としてすぐに求められるが，道徳の時間の代替としての宗教科の新設，もう少し言えば，道徳の代替としての宗教の導入は，ヨーロッパ諸国とは異なり，多神教的な日本においては，公立学校にとって社会的文化的に相容れないであろう。

　しかし，我が国において人生の支柱となるもの，つまり確固とした「宗教」とは言わないまでも，「宗教的なもの」「哲学的なもの」あるいは「宗教的哲学

のようなもの」がないと，人間の生き方が定まってこないのではないだろうか。その点に関連して言えば，明治時代から「宗教的情操」の問題は，しばしば活発に議論されてきたことであるが，現時点において，「宗教的情操」について拘泥しても，道徳授業の抜本的な改善に向けては大きな効果はないように思われる。また，「宗教的なもの」「哲学的なもの」あるいは「宗教的哲学のようなもの」を感情的な色彩の強い「心」と置き換えるだけでは，人間の在り方生き方の指標や精神的価値も，あるいは人間のあるべき徳性も見えないであろう。むしろ，つかみどころのない「心」にこだわるならば，それの支柱となるような，「宗教的なもの」「哲学的なもの」あるいは「宗教的哲学のようなもの」が探究されてよいであろう。つまり喩えて言えば，大地震でも風水害でも崩壊しない，あの五重塔における「心柱(しんばしら)」のようなものが，日本人の在り方生き方，あるいはその道徳にも必要ではないだろうか。その「心柱」について，残念ながら筆者には，的確に表現できる言葉が浮かばないが，少しでもニュアンスをつかんでもらうためにあえて一つの単語で表現すれば，「心」ではなく「魂」，英語的に置き換えれば，「heart」や「mind」や「mentality」や「soul」ではなく，「spirit」，またドイツ語的に置き換えれば，「Herz」や「Seele」ではなく「Geist」である。また，神道系の「一霊四魂(いちれいしこん)」の考え方からすれば，「魂」ではなく，「霊」である。このように，さまざまな言葉で表現が可能であるが，ここでは，誤解を恐れずに日本語的に言えば，それは「心」よりも「魂」，とりわけ「大和魂」ではないだろうか。

　既述したように，明治時代以降の戦前や戦中において，「大和魂」は，日本人を鼓舞するために盛んに語られた言葉である。特に戦中においては，「忠義」や「滅私奉公」などの価値観が「大和魂」という言葉に集約され，その「大和魂」を強要されて多くの日本人が戦いで命を落としたために，この言葉には軍国主義というレッテルが現在でも貼られている。しかし，元来，この言葉は，「大いなる和魂(にぎみたま)」（和魂は，荒魂(あらみたま)との対概念であり，やわらいだ様子を表現している言葉）という意味であって，古い縄文時代から伝わる古神道（「惟神(かんながら)の道」）に根ざした清らかさを根本に，大自然に畏怖と感謝の念をもって順応しながら

そこに宿る神々を大切にして、日常生活を営んでいく思想体系であった。たとえば、江戸時代には本居宣長が「漢意(からごころ)」に対して、「もののあわれ」「はかりごとのないありのままの素直な心」「仏教や儒学から離れた日本古来から伝統的に伝わる固有の精神」などを意味する言葉として「大和魂」を使用している。また、平安時代には、「漢才」という言葉の対概念として、「大和魂」が使われている。したがって、「大和魂」の元来の意味に立ち返った精神性、言い換えれば、「惟神の道」の精神性を「心柱」にしたような道徳が日本にはふさわしいのではないだろうか。

　もちろん、ここでは、「大和魂」や「惟神の道」という言葉を提示したが、現実社会において他者が内容を理解するには、内容を一言でイメージできる何らかの端的な名称が必要であるから、それらの言葉が選択されたに過ぎないのである。あくまでも、これらの言葉で示したい重要な内容は、平時においては、大自然に畏怖と感謝の念をもって順応しながら、そこに宿る神々を大切にするとともに、そこで暮らす人々の間で和の精神を尊重した日常生活を営んでいく思想のことである。このような思想に何らかの名前を付けるとすれば、日本の歴史や文化の中に、その内容を示す近い表現として、「大和魂」や「惟神の道」という言葉が見つけられたために、それが使用されただけである。もし、別に新たにより望ましい言葉が見つけられたり、あるいは創造されたりすれば、もちろんその言葉が今後において使用されてよいであろう。現時点において、筆者にとっては、その内容をより的確に表現できる言葉が他に見当たらないだけである。

　そうした認識に基づいて、著者は、批判を受けついでに言うと、現状のような気持ちや感情や心のあり方などに執着したアメリカ流の心偏重の心理主義的な方法に陥るのではなく、日本の文化や伝統の基底に流れる「惟神の道」の精神性、もう少し平板な言い方をすれば、自然の摂理に従って自然環境や人的環境と折り合いを付けて生きていくという精神性を中心にしながら、新たな道徳授業のかたちを提案したいと考えている。その際に、著者の道徳教育に対するコンセプトをまず提示するとすれば、それは、「教育における道徳は料理の中

第5章　未来の日本の道徳教育を展望してみよう

の塩である」，ということである。人間は塩を摂取しなければ生きられないが，それだけを摂取しようとしても，辛くて食べる気にならない。また，人間は塩を量的に摂取し過ぎれば身体を悪くする。ところが，適量の塩は料理をおいしくする機能をもつと同時に，人間の「いのち」を支えてくれる。道徳も，これと同じように言える。人間は道徳を身につけなければ，気分や本能で動くような単なる動物になり下がり，真の人間たり得ないであろう。ドイツの自由ヴァルドルフ学校の創始者シュタイナーも，「道徳的なものが，はじめて本質的な意味で人間を人間にする」，と人間形成における道徳の重要性を強調している。しかし，道徳という単体だけが人間に植えつけられようとすると，人間は苦くて吐き気を催してしまうであろう。そのように考えると，塩が料理の中に適量だけ入れられ，人間がその料理をおいしく食べながら身体のために適切に塩を摂取できれば理想であるように，道徳も教育のプロセスの中に適量だけ溶け込まれて，子どもがそのプロセスを体験しながら，知らないうちに学べばよいわけである。つまり，教師は，子どもに道徳をあまり意識させないように教えればよいのである。その点に関連しても，シュタイナーは，教師養成の講習会において，「子どもに道徳を教えようとしていることを気づかせないように，あなたたちが博物学的な授業を作りあげようと努力するときには，子どもの心の中に，最も重要な道徳的要素を植えつけることができる」と主張している。

そのような点から言えば，我が国のように，「道徳の時間は道徳教育の要だ」と声高に叫ぶこと自体が，すでに子どもにとって道徳の学びを妨げていることになる。そのうえ，子どもにとっては道徳を勉強しても，成績の向上にも，また入試の合否にもあまり影響はないのであるから，そのような叫びは，競争主義・成果主義の現代的情況下において教師や子どもにとっては心に響くものではないし，欺瞞にしか映らないであろう。俗な喩えで言えば，「塩では腹がいっぱいにならない」，すなわち「道徳ではメシの足しにはならない」というわけであるから，道徳の重要性がいくら強調されていても，道徳教育への教師や子どもの意欲も高まらないであろう。つまり，道徳教育や道徳の時間，さらには道徳科にしても，子どもを取り巻く諸情況やシステムなどについての考慮

もないまま，道徳の時間の重要性や道徳教育の充実，さらには道徳の教科化が個別的に叫ばれても，教育現場における道徳教育への理解は得られないどころか，確固とした理念や方法がないまま，従前の道徳授業やアメリカの心理主義的な技法を輸入したようなアプローチに終始しているだけでは，道徳教育への不信が増幅されるだけである。

　そのような情況に対する解決策として，もちろん，国際的に趨勢になりつつあるシティズンシップ教育のような領域，つまり「市民科」も，一つの選択肢として十分にあり得るであろう。なぜなら，そこには，人権教育や法教育などをはじめ，現実の社会生活を営むうえで有益な内容，特にグローバル社会に必要不可欠であるリーガルな内容が包含されているとともに，我が国の『学習指導要領』における内面的自覚の道徳性を転換させる発想が垣間見られるからである。とりわけ，従来の道徳の時間，特別活動，総合的な学習の時間を有機的に統合させた「市民科」は，道徳の時間のみに執着するのではなく，カリキュラム改革までも視野に入れて道徳教育の改善を試みようとしている点で，大いに注目されてよい先駆的な教育実践である（ただし，ここでは「市民」の在り方は見えるが，「国民」のそれが見えてこないように思われる）。

　その意味で，今後の成果を期待したいが，現時点でその中身について詳細に見ると，品川区の市民科に顕著に現れているように，その教育実践は，あまりにも即物的な現実適応のための道徳教育に，ベルクソン（Bergson, H.）の言葉を借りれば，「閉じた道徳」の教育に偏り過ぎているように思われる。そのために，そこでは，実用という面から見れば無駄なように思われがちな，芸術性（美的感覚）や，個人としての美学（精神性・魂）のようなものが欠落してしまっている。そのような道徳教育では，現時点から見れば，社会への適応のための指導は可能であるが，個人の生きがいや誇りのような精神力をもち，持続可能な社会をよりよく築くために積極的に参画していくような創造力・社会力は十分に育てられないように思われる。

　そこで，提案したい授業は，一定枠の中での知的な座学の学習だけでなく，教科の枠を超えた横断的な学習や活動もできるような2時間続きの「日本科」

（学年が進行すれば「日本学」）という教科（教科ではなく，学習領域に留めたいのであれば，「日本研究の時間」）の新設である（実際的には，総合的な学習の時間を一部削除して，「日本科」にまわすことになる）。「日本科」という名称は，「日本学」とほぼ同じ意味であり，ドイツの大学の学科・専攻・授業名として存在する「Japanologie」から連想したものである（もちろん，この教科の名称も，これでなければならないというものではない。これまでの議論の中で提案された「人間科」や「人生科」という名称も，よいかもしれない。ただし，現時点では，グローバル社会ということを意識すると，そのような社会でこれからの子どもが生きていくには，単なる外国語の習得ではなく，自分の拠り所となる日本という精神的価値を確立させることが鍵になるという視点から，「日本科」という名称を提案した）。

「日本科」では，宗教（神話）や芸能や武道などの我が国や郷土の伝統文化をはじめ，日本人の生活様式や日本の自然が取りあげられるべきであろう。

たとえば，小学校の第1学年から，日本にかかわる事柄が教育内容として扱われる。まだ因果的，合理的な思考ができない発達段階の子どもには，さまざまな日本の物語が教えられる。そのときには，日本神話が入れられてよいのではないか。未熟な発達段階の子どもに対して，キリスト文化圏においてのアダムとイブの話と同様に，日本でも，まずキリスト教の「天地創造」に当たる「天地開闢(てんちかいびゃく)」の話が教えられる。その際に，『古事記』に基づいて，高天原に，天之御中主神(あめのみなかぬしのかみ)，高御産巣日神(たかみむすひのかみ)，神産巣日神(かみむすひのかみ)の三柱が生まれたところから，次々と神が生まれるという話が教えられる。また，『日本書紀』に基づいて，互いに混ざり合って混沌とした状況から，神が生まれるという話も可能である。さらに，「国産み」，「神産み」，「天岩戸」，「出雲神話」，「葦原中津国平定」，「天孫降臨」，「山幸彦と海幸彦」，「神武東征」など，神話として取りあげることも可能である。日本のルーツを神話の知として教えることも決して悪くはないだろう。日本神話を教えたところで，今の子どもは軍国主義者に育たないであろう。グローバル化した高度情報化社会の日本の中で，そのようなことはあり得ない絵空事である。むしろ，身近に知っている神社，そこの鎮守の森などへの親しみがわいきて，環境保全意識の基底となる感覚が身につくのではないか。

また，そのような日本神話だけでなく，各地の『風土記』で伝わる話を教えることもよいであろう。各地に伝わる民話もよいであろう。さらには，喩えて言えば，グローバル社会では，日本料理だけでなく，西洋料理や中華料理を経験することも重要である。したがって，子どもの発達に即して，キリスト教・ユダヤ教の「天地創造」の神話をはじめ，ギリシア神話やエジプト神話や北欧神話，そして中国神話やインド神話などを扱うことも大切である。そのような話の中には，民族や国の差異を超えて，何らかの道徳的価値，とりわけ真善美などの根源的な価値は，必ず包含されているはずである。なかでも，善の価値を扱わないような神話はほとんどないと言える。合理的思考の未熟な子どもには，神話の知は善悪の価値をイメージ的に教えるうえできわめて有効な教材になる。

　また，時代順で言えば，神話の次には，縄文時代の暮らしを取りあげればよいであろう。社会科の歴史では，1万数千年にわって採集・狩猟・漁撈の原始的な時代が続いたということで済まされがちであるが，そこには，人間の暮らしや生き方に着眼すれば，日本のよさ，特に多くの日本人が生き方として忘れかけているような貴重な英知を見て取ることができる。端的に表現すれば，自然との日常的な共存である。

　次の時代になる弥生時代にも，農耕文化が発達するわけであるが，そこにも，自然との共存の思想が堅持されている。また，縄文時代から弥生時代に変わって，ある特定のところに富が集まり出すと，人間の暮らしにさまざまな問題を生じさせることも学べるであろう。

　紙幅の関係で簡単に触れるだけに留めるが，さらには，子どもが次第に成長してくれば，聖徳太子の十七条憲法，『万葉集』の歌，空海や最澄や親鸞などの高僧の教え，鎌倉時代の御成敗式目，世阿弥の『風姿花伝』，千利休の「守破離」や「侘び」，宮本武蔵の『五輪の書』，松尾芭蕉の有名な句，本居宣長の「真心」，荻生徂徠の「礼」，石田梅岩の心学，明治天皇の五箇条の御誓文など，それらについて歴史として年号をただ覚えるのではなく，その中身について発達段階に即したかたちで学べば，時代を超えて人間の生き方に関する知見がい

たるところに豊富に含まれている。特に，下総国佐倉藩の佐倉惣五郎や信濃国松本藩の多田加助などのように，江戸時代に村落共同体の人々を救うために自分や自分の家族の命を捨ててでも直訴した義民については，平時における共生共存的でやさしく平和的な「大和魂」（和魂(にぎみたま)）や「惟神の道」とは対照的に，おおしくて荒々しい「荒魂(あらみたま)」の側面が表出している点で，日本の歴史文化として触れておくことが重要である。

　もちろん，歴史的な内容だけでなく，日本の地理的な内容は，人々の暮らしを通して日本人としての生き方を学ばせてくれる。特に，各地域の人々の暮らしは，自然環境や社会環境との折り合いの付け方，そして経済活動による人々との交流など，さまざまなかたちで人間としての生き方を教えてくれるでしょう。たとえば，今でも高知県や大分県や徳島県などに見られるが，増水時に川に沈んでしまうように設計された欄干のない「沈下橋」は，人間の生き方をそこに重ねてみると，見事な自然との折り合いのつけ方を象徴的に教えてくれていると言えないだろうか。さらに，日本の童歌や日本の伝承的な遊びなどにも，道徳的価値を含んだ日本文化が豊富に詰まっている。

　したがって，日本文化が脈々と培ってきたさまざまなものは，新しい日本型道徳教育の陶冶材に十二分になり得るであろう。今後，学校のカリキュラムに中に，あくまでも子どもの発達に即したかたちで日本の教育内容を組み込んでいく開発研究が，期待されるところである。

　それでは，日本に凝り固まった偏狭な人間が育つのではないか，という疑問が直ちに出されるかもしれない。しかし，そんなことはありえないであろう。まだ因果的，合理的な思考が十分にできない発達段階の子どもには，日本の事柄があくまでも中心に取りあげられるが，それに達した発達段階になれば，世界ないしは地球規模の事柄が中心に扱われればよいことである。その境界線を引くのは簡単ではないが，大枠において言えば，次第に日本から世界へ扱う内容を変えていけばよいのである。中学生ないしは高校生あたりから，世界の事柄が積極的に教えられるようになり，世界の中の日本を意識させることが大切である。その過程の中で，日本と世界との交流の事柄が扱われればよいのであ

る。長い人類の歴史の中には，大切な道徳的価値を取り出せる題材はいくらでもある。

　たとえば，1957年2月，日本の船員を救おうとして海に飛び込み殉難したデンマーク人のクヌッセンの行動を取りあげれば，デンマークと日本，特にデンマークと和歌山県との心温まる交流について考えることができる。海難事故で言えば，1886年のノルマントン号事件を，単に外交上の不平等条約改正のきっかけとして終わらせるのではなく，時間をかけてその状況を学べば，差別や人権，いのちの大切さなどについて，重要な道徳的価値を歴史的・文化的な過程の中で子どもたちが学ぶことになる。

　また，その海難事故から4年後，オスマン帝国の使節団を乗せたエルトゥールル号が座礁・爆発沈没し，500名以上の乗組員が亡くなるというエルトゥールル号遭難事件があった。和歌山県の紀伊大島の住民は生存者69名を救助と介抱し，自分たちの非常用の鶏を供出してまで献身的に尽くした。また，この事故をニュースで知った日本人たちは，義援金・弔慰金を集めてトルコに贈っている。

　この話は日本の道徳の副読本に次第に掲載されるようになったが，今のトルコでは多くの人々の間で長く語り継がれているようである（掲載されても，従来からの心情主義の呪縛を断ち切れないために，この話は，「国際理解・親善」の内容項目の資料として，「遭難者を助けるときの村民の気持ちはどのようなものであったでしょうか」というような質問を用意し，日本人の思いやりや優しさや勇気を感じ取らせたうえで，「トルコの人々は，長い間どうしてこの事件を覚えていたのでしょうか」のような中心発問を用意して，尊敬の念を抱かせようとするものに留まってしまう。つまり，登場人物の内面的な気持ちを一面的に推量するゲームが展開されるのである）。

　この話には，次に述べるような後日談がある。それをどのように話をつなげていくのかは，子どもの実態を踏まえて教師の力量や創造力にゆだねられることになる。たとえば，この事件を心の問題にすり替えないで，2時間続きの授業として取り扱うならば，歴史的・社会的な問題として，教科横断的な学びが

第5章　未来の日本の道徳教育を展望してみよう

構想されるであろう。

「イラン・イラク戦争」(1980-1988) 中の1985年、イラクの大統領フセインは、3月20日午前2時（日本時間）をタイムリミットとして、この期限以降にテヘラン上空を飛ぶ航空機はいかなる国の機体であろうと、すべて撃墜する、と布告した。他の諸国は、自国民のために救援機を送り出した。ところが、日本という国は、救援の自衛隊機も民間飛行機も飛ばす決断をできず、約200名の日本人を空港に見捨ててしまった（この失態を手がかりにして、他国ができることが、なぜ日本はできなかったのかを探究すれば、善かれ悪しかれ、日本の政治社会問題についての学びができるであろう）。

周知のように、結局のところ、日本人を救出するためにトルコ航空の飛行機がイランのテヘランに飛び立ち、タイムリミットの1時間前に飛行機が日本人全員をトルコ国内に待避させたのである。そのトルコ航空の行動の理由は、ほとんどの日本人や日本政府にも理解できなかった。当時の新聞では、ODAの「お金」に対するお礼ではないかと、トルコを見下したような推測記事が掲載された（なぜ日本人や日本政府も知らなかったのか、なぜマスコミは誤った情報を発信したのか、などの社会問題を考えながら、その社会問題とのかかわりの中での個人の責任ある態度を考えてみるのもよいであろう）。その件に関して、後に元駐日トルコ大使のウトカン氏は次のように語っていたという。

「エルトゥールル号の事故に際し、大島の人たちや日本人がなしてくださった献身的な救助活動を、今もトルコの人たちは忘れていません。私も小学生のころ、歴史教科書で学びました。トルコでは、子供たちでさえ、エルトゥールル号のことを知っています。今の日本人が知らないだけです。それで、テヘランで困っている日本人を助けようと、トルコ航空機が飛んだのです」

このエルトゥールル号の事故からその後の出来事については、最近になって事実を美化して語る風潮が見られ、話の内容を少し差し引いて考えられなければならないが、大枠においては、この一連の話は事実として受けとってよいで

しょう。この事件が概ね史実とすれば，日本の学校で近代の日本のことを教えてこなかったばかりに，相手国の行為が，120年前の「恩返し」を意味しているのに対して，大手の日本の新聞は「お金」の返礼ととらえてしまっていた，ということになる。新聞がそうであるから，一般の人々もその新聞の内容を受け取るだけになってしまう。多くの日本の国民や青少年は，トルコ人の日本への「畏敬の念」に気づきようがないのである。知識という基盤の欠如が，道徳心の覚醒，具体的にはここでは国際理解を妨げる顕著な一例である。

　実はこれには，さらには次のような後日談が存在する。エルトゥールル号遭難事件が人気スポーツにかかわるとなれば，子どもはますます好奇心を刺激され，授業の内容に没頭するであろう。

　2002年の日韓ワールドカップのとき，「トルシエジャパン」は，決勝トーナメントの1回戦でトルコと対戦して負けてしまった。試合中は，どちらも自国のチームを応援している人たちがほとんどであったが，なかには「どっちもがんばれ」という一団が，日本にもトルコにもあった。翌日のトルコの新聞には，「泣くな，サムライ　我々の心はみなさんと一つだ」という見出しが載り，トルコは日本の分まで戦うと書かれていた。ところが，ここでも，このような行為についても，歴史的な知識の欠如ということがあって，その記事の意味するメッセージは日本人にはあまり伝わらなかった。それこそ，「変わった人たちがいる」，「トルコ人は日本に媚びている」などと，多くの日本人が当時は思っていたようであった。そのメッセージの深い意味をくみ取れるならば，子どもはこの出来事から友情や感謝などの道徳的衝動を自分の内面から生み出すことができ，国際理解のよさを実感して現実に行動したくなるのではないか。そこでの道徳的衝動や国際理解は，価値の内面化というかたちで内向きに意識を煽るのではなく，現実の社会生活の中で「感じ，考え，行動する」という方向に意識を駆り立てるであろう。その点において，国際理解という道徳的な内容も，授業の展開の仕方によっては，意識の方向性をまったく真逆になってしまうのである。

　このような授業展開をするには，1主題1時間に執着した従前の道徳授業で

は，とても無理がある。それは，道徳の時間であろうが，また道徳科であろうが，本質的に同じことである。道徳授業にだけ固守するのではなく，カリキュラム全体の中で道徳授業の存在が抜本的に考えられなければならない。すなわち，他の教科との知的な関係の中で，さらに言えば教科の枠に妨げられない総合的な知の中で，道徳の内容が扱われることになると同時に，各教科（国語科，地歴科，公民科，理科，音楽科，家庭科，体育科など）において学ばれた内容が各教科の授業とは異なった情況下で復習的に確認されたり，あるいはさらに具体的に深められたりするであろう。そのように培われる応用的な知的能力は，従来型の学力を，OECDの提唱するような，相互作用的に道具を用いるキー・コンピテンシー（鍵となる能力）にもつながるはずである。

郷土や国を愛する心に関しても，それらは殊更に概念として語られなくても，「日本科」では自然なかたちで子どもの中に精神的文化として醸成されるはずである。むしろそうした概念やその押しつけこそが，子どもに郷土や国を愛する心を失わせてしまうだけである。

もちろん，そこでは，我が国を殊更に美化したり自慢したりすることは，逆に卑下することと同様に，避けられなければならい。なぜなら，そのような働きかけは，従来のわざとらしい道徳教育資料の活用と同類になってしまうからである。また，日本を扱う際にも，偏狭的な視点ではない，国際的な異文化理解の視点の重要性は言うまでもないことである。なぜなら，知識基盤社会や情報化社会にあっては，歪められた偏狭な知識や情報は即座に露呈されてしまうからである。もしそうなれば，教えている教師やその道徳的価値の内容それ自体も軽蔑の対象になってしまうであろう。作為的なことをしなくても，『学習指導要領』で提示されているような道徳的価値の内容（小学校と中学校を合わせて80個の内容項目は，あまりにも多すぎる。大幅な削減が必要である）は，それでも長い歴史と伝統をもつ日本文化の中にはほとんど包含されている，と著者は確信している。

もちろん，このような「日本科」に対しては，繰り返して言うようになるが，偏狭なナショナリズムを養ってしまい，グローバルな国際社会で活躍できる人

間の育成につながらないのではないか，というような厳しい批判が聞こえて来るであろう。しかし，これからの社会がグローバルな国際社会であるからこそ，自分たちの生まれた，あるいは育った，あるいは現在住んでいる地域や国の文化に対して，他の地域や国の人々に自慢をしたり軽蔑をしたりするのではなく，またアイデンティティ的な誇りをユダヤ系のすぐれた人たち（マズローやエリクソンなど）のように，私事的な個人の内面に求めるのでもなく，縁あって「絆」でつながっている人々と「和」の精神的文化を共有し合う中での個人の生き方が，きわめて重要であろう（西洋文明の視点から見れば，個の確立が未熟であるとされるであろうが）。歴史を見れば明らかなように，もちろん日本文化には，否定的な側面も少なからず見受けられる。競争や拝金主義の経済，主体性の弱い精神性などのように，とても誇れない影の部分も確実に存している。

　しかし，そのような否定的な部分を認めても，それに余りある光や善の部分が日本文化や日本の歴史には確実に内包されている。特に，いかなる文化の根底にも，必ず愛や慈悲のような重要な道徳的価値は包含されているはずである。特に，日本文化の基底には，「おおしさ」と「やさしさ」という二つの面とともに，自然への「順応」という精神性が見られる。そこには，「惟神の道」と言われるものが垣間見られる。しかも，幸いなことに，日本文化は，流浪することを余儀なくされた民族や国民たちのものとは異なり，この地球上の一つの温帯モンスーン地域において，他国の文化や宗教を受け入れ，そして加工し，ときには新たな文化を創造しながら，長い間継承し得た独特なものであるから，それを日本人のための，我が国における道徳教育の陶冶材として利用することが積極的に考えられてよいはずである。なぜなら，特に日本文化には，日本人に合った道徳的要素が生きたかたちで有機的に溶け込んでおり，教師も子どももそれらの要素について誇りと好奇心をもって探し出すことができる，と考えられるからである。つまり，そうした授業では，道徳教育のために作成された白々しくてわざとらしい資料における道徳的価値の押し付けとは異なり，本物の文化の中に重要な道徳的価値を実感する，あるいは本物の文化の中からそれを探し出すような新しい授業の展開が期待されることになり，教師自身が知的

な楽しみを味わうことができるだろう。その意味で、日本文化の教材化は、誰かに与えられた「ある教材」ではなく、NIE教育で言うところの、教師や子どもの努力の過程で生まれる「なる教材」に他ならないのである。

　さらに、そのような日本文化を教材にした授業によって、子どもは、戦前の修身科の教科書のように、「日本ノ国ハ、世界中デタウトイ国デアル」と言われなくても、日本文化から自然なかたちで自分たちの郷土や国に一つの誇りを静かにもつことになるだろう。それと同時に、子どもは、混迷した世界の情勢にあって、日本文化の長所を伸ばし短所を克服するというマクロコスモス的な視点を広くもちながら、個々人のミクロコスモス的な自分の生き方を探究していけるのではないか。そのためには、繰り返しになるが、その日本文化（地方の文化を含む）は、偏狭なナショナリズムではなく、国際的でかつ多文化的な視点を念頭に置きながら、中央集権的ではなく、各地方や各学校においてふさわしいかたちで取りあげられるべきである。

　もちろん、ここで構想した「日本科」は、道徳の時間の代替として提案されたものであるが、学校のカリキュラム改革との関連で言えば、総合的な学習の時間とも深く関係する事柄であり、道徳の時間と総合的な学習の時間との統合という問題にも一石を投ずるものである。つまり、具体的に言えば、それは、道徳教育の中心となる「日本科」には、道徳の時間の週1単位時間に、少なくとも総合的学習の時間の1単位時間を加えてはどうかという提案になっている。

　したがって、「日本科」の構想が、徳目主義への回帰をはじめ、道徳の時間の偏重や心理主義の依存というような小手先の対症療法ではなく、我が国の道徳教育や道徳授業を我が国にふさわしく改善するためのきっかけになれば、正直なところ、著者のかなりの意図は達成し得たことになる。それを契機に、教育現場から、学校全体のカリキュラムを見通したかたちで、発想の転換がなされ、新たな道徳教育の改革案に向けて議論されることを願うのみである。そのような過程において、「日本科」の構想が批判され、新たな別の名称の構想が打ち出されることになっても、それはそれでまったく問題ないであろう。

　本来的に、教育現場で通用する理論は、教育現場にたずさわる教師から生ま

れるべきものである。決して大学の研究室の中で，そうした理論は生まれないであろうし，生まれるべきではないであろう。教師は，教育現場から乖離した大学の研究室で生まれたようなプログラムやトレーニングを，金科玉条のごとく，過剰な評価をしたり，あるいは依存をしたりすべきではないし，ましてや狂信者になってはならないであろう。特に，道徳教育に熱心な教師ほど，生真面目なために，その傾向が強いのではないか。あくまでも，研究者の提案は，著者のものも含めて，実践活動の質を高めるための一つの参考資料として教師に受け取られるべきである。そのうえで，教師一人ひとりが，特に高度専門職業人としての教師であろうとするならば，日々の道徳教育の実践から新しい自分なりの理論を創造し，各教育現場の授業研究会において相互に討議し合ってよりよい実践活動を展開してもらいたいものである。

　特に我が国では，道徳教育の推進者やその教育行政機関は，「教師が楽しくなければ，子どもも楽しくない」，「教師が道徳に好奇心をもてないと，子どもも道徳に好奇心をもてない」「教師が成長しなければ，子どもも成長しない」，そして何よりも「教師が輝かなければ，子どもも輝かない」，ということを肝に銘じてもらいたいものである。教育現場において，既成の社会の維持やそれへの適応にとどまるような内面的な道徳性ではなく，新しい持続可能な社会を築いていける，「感じ，考え，行動する」という積極的で創造的な道徳性を育むような道徳教育の出現を期待したい。

【主要参考文献】
大森与利子『「臨床心理学」という近代―その両義性とアポリア―』雲母書房，2005年
小沢牧子『「心の専門家」はいらない』洋泉社，2002年
勝部真長『道徳教育―その思想的基底―』大日本出版，1959年
柴田義松編『現代の教育危機と総合人間学』学文社，2006年
下村博文『下村博文の教育立国論』河出書房新社，2010年
新保真紀子『子どもがつながる学級集団づくり入門―若いせんせいに送るラブレター―』明治図書，2007年

日本NIE学会編『情報読解力を育てるNIEハンドブック』明治図書，2008年
日本道徳教育学会編『道徳教育入門―その授業を中心として―』教育開発研究所，2008年
橋爪大三郎『「心」はあるのか』筑摩書房，2003年
福田弘『なぜ今，人権教育が必要なのか？』㈳千葉権人権啓発センター，2008年
マズロー，A. H.著，小口忠彦訳『人間性の心理学―モチベーションとパーソナリティ』産能大出版部，1987年
村上和雄・吉田武男・一二三朋子『二一世紀は日本人の出番―震災後の日本を支える君たちへ―』学文社，2011年
吉田武男『シュタイナー教育名言100選』学事出版，2001年
吉田武男『シュタイナーの人間形成論―道徳教育の転換を求めて―』学文社，2008年
吉田武男・田中マリア・細戸一佳『道徳教育の変成と課題―「心」から「つながり」へ―』学文社，2010年
吉田武男・藤田晃之編著『教師をダメにするカウンセリング依存症―学級の子どもを一番よく知っているのは担任だ！―』明治図書，2007年

あとがき

　最近の風潮として，特にマスコミ界を中心として，何か青少年の問題が起きると，ヒステリックな反応が過剰なほど見られる。学校における問題ならば，必ずと言ってよいほど教師の指導力や対応力が問題視され，教師や教育関係者がスケープゴートにされる（そこで，スクールカウンセラーや「心の専門家」がされることはほとんどない）。それが一段落ついたところで，決まって注目されるのが，子どもの内面の問題である。その場合，大別して二つの傾向が見られる。一つは，道徳性や規範意識の欠如という問題であり，いま一つは，「心の闇」や「心の傷」などの心の在り方の問題である。前者問題の方に関心を向ける人たちは，道徳教育の充実や強化を叫ぶことになる。また，後者の問題の方に関心を向ける人たちは，「発達障害」やメンタルヘルスを強調する。そのどちらの問題としてとらえようが，どちらにも巧みに関与できる，つまり寄生できるのが，「心の教育」という発想である。したがって，「心の教育」という発想が道徳教育と反応すると，「心理主義化された道徳教育」の方法，つまり「心理主義的な道徳教育」の方法が，また心の在り方と反応すると，医療モデル的なメンタル・ケアが活況になってくる。現在，どちらの分野も活況を呈しているが，現実には，それらの分野を生業とする関係者の増加（関係者が増加すれば，「過剰の医者と薬は患者を増やす」の原理に基づいて，問題の対象者数が増加することになる）と，教育界の閉塞感が進行するだけで，子どもの健全化が促進されているとはとても言えない情況である。

　そのような原因として考えられのが，単なる工夫レベルの方法ではなく，核になるものの欠如が考えられるのではないだろうか。喩えて言えば，前述したように，五重塔の中心に立っている「心柱」であり，それにさらに加えるなら，その下にある「礎石」のようなものが欠如しているからではないだろうか。そこを固めない限り，道徳教育の重要性が叫ばれても，何の効果もないだろうし，道徳そのものがうさんくさくなるだけであろう。その際に，最近では，自己実

現や自己肯定感などの理念が「心柱」になるかのように主張されている。しかし，それらは，あくまでも個々人の中心部に突き刺すような，絶対的な一神教の世界において，つまりキリスト文化圏，特にユダヤ系の人たちの深い考察の中で生まれたものであって，自然風土も国柄も，そして民族の歴史的発展の過程もまったく違う我が国において，役立つところは部分的に取り入れ，また参考にしてもよいが，それをそのまま置き換えられるものではないであろう。それどころか，宗教的な前提を無視して，つまり宗教的なものを全否定するような人たちの中で，自己実現や自己肯定感などが強調されると，絶対的な畏怖の対象者が自己にすり替わり，自分のわがままな価値観，つまり「欲の価値観」が助長されるだけで，それと真逆なかたちでわがままのブレーキ役を演じることのできる「徳の価値観」が弱められてしまう。そのような考察の中で，本書では，批判や誤解を覚悟して言えば，「心柱」に真の「大和魂」を，「礎石」に「惟神の道」を提案したつもりである。また，そのくらいの大胆な発想のパラダイム転換が行われれば，意外と一気に，困難な状況は解決に向かうのではないだろうか。

　たとえば，自殺者の問題については門外漢で不十分な知識でしか語れないが，我が国の学校を取り巻く日本の社会では，15年ぶりに自殺者数が3万人を下回るようである。その大きな原因の一つとしてあげられているのは，さまざまな専門家を含めた人や組織との「つながり」の充実，つまり何らかの「絆」の構築であると言われている。しかし，依然として3万人に近いという，高い水準で自殺者数が推移していることは事実であり，大きな改善がなされたとはとても言えないのである。その点に関連して言えば，2008年には，「心の病気」とされるうつ病の患者数は100万人を超えている。このような情況を克服するには，ストレスフルな事態や逆境に陥ったときでも，それをはねのける力，および不健全な状態を戻させる回復力が求められる。そのような力が，最近の10年間でうつ病などの「心の病気」が2倍以上になっていることを勘案すれば，ますます弱まっていることになる。その意味では，人間が本来的にもっていたこのような力を引き出すようなパラダイム転換が必要である。ところが，パラダ

イム転換が日本では起きないために，精神科の病床数は，イギリスやフランスなどの先進国では急激に減少し，イタリアにいたっては，公立の精神病院に通う患者もほとんどいなくなっているのとは対照的に，いっこうに減少する気配もなく，なお増え続けているという。

その日本の情況に目をやると，何かの一つ覚えのように，「メンタルヘルス」の重要性がその関係者によって声高に叫ばれ続けている。それが，実際に「ヘルス」（health）を考えているならば何の問題はないが，現実には，メンタルの「イル・ヘルス」（ill health）が主眼になっている。しかも，「心の病気」や「メンタルヘルス」については，その専門家は百年一日のように「早期発見・早期治療が一番」と言い続けているために，心の健康だけでなく，体の健康を含めた心身両面の健康維持・増進に目が向けられなくなっている。しかし，体の病気であっても，「早期発見」というのは，完全な病気よりも難しいはずである。ましてや，現実的に考えれば，「心の病気」のようなものの「早期発見」は，専門家にとってもきわめて困難な仕事であろう。それにもかかわらず，とりわけ，素人的な教師に対して，問題が起これば，子どもの「心の病気」のサインが見えなかったのか，などと批判や非難が集中してしまう。本当に愚かな心理主義の現在的風潮がそこに見られる。

本来的にそもそも論を言えば，「早期発見」と叫んでいる時点で，すでにその対象者は病気になっているわけである。最も重要なのは，病気にならないことであり，なっても自分の回復力で治癒することである。そのために大切なのは，心身の「免疫力」である。その「免疫力」のスイッチをオンにさせるのが，教育の使命である。社会や国や世界の中で役割と責任を果たしながら自分の生き方在り方をより価値のあるものにするために，ストレスフルな事態や逆境に陥らないような日常生活の知恵や態度をはじめ，またそれに陥ってもそれをはねのける力，および不健全な状態を戻させる回復力，というような「免疫力」のスイッチをオンにさせるのが，道徳教育の使命である。その意味では，教育は，「免疫力」を活性化する予防医学の営みであり，とりわけ道徳教育は，社会における人間の生き方在り方の「免疫力」を活性化する予防医学の営みであ

ると言えよう。その「免疫力」を活性化するには，ケアやケアリングなどの心や意識・無意識のレベルではなく，それを突き抜ける意味での「魂」のようなものが必要になるのではないか。喩えて言えば，その「魂」は，これまで繰り返し引き合いに出した五重塔の心柱である。それに相当するものは，中国は中国のもので，韓国は韓国のもので，アメリカはアメリカのもので，ユダヤ民族はユダヤ系のもので，それぞれの国柄や民族によって違ってよいが，日本の場合，非常時における義民のような「荒魂」の発動とは別に，平時においては，「惟神の道」という礎石のうえに築かれた，真の「大和魂」であってよいのではないだろうか。なぜなら，その世界観には，自然を畏怖しながらも，弱肉強食的に自然を征服するのではなく，自然に感謝し順応しながら「和」を中心に据えた相互扶助的に共生する生き方が，みごとなまでに反映されているからである。しかも，そのような生き方は，環境や戦争・テロをはじめ，さまざまな現在の地球上の災いに対しても，解決に向けての大きな示唆と貢献をし得るからである。そんな価値観に立った道徳教育は，個人の生き方をよい方向に変え，その生き方の集合によって社会や国や地球をよい方向に変えるはずである。すなわち，そうした道徳教育は，個人がよく生きるための予防的な働きと同時に，持続可能な社会を築く原動力となり得るであろう。それだけに，個人主義的な「心」の道徳教育から，人間関係的な「絆」の道徳教育を経て，日本的な「魂」の道徳教育に向かうことが望まれる。「伝統と文化」という名の下に，付け焼き刃的な知識が教えられるのではなく，日本の「伝統と文化」の基底にあって，それを貫いているような道徳教育へのパラダイム転換が重要である。そのような転換のために，本書が，その踏み台になれば幸いである。

　最後になったが，本書の刊行を引き受けて，遅々と進まない脱稿を待ち続けてくださった学文社の田中千津子代表，編集の際に適切なご支援ご配慮をいただいた編集部の落合絵理さんに対して暑くお礼を申し上げたい。

　　2013年3月15日

吉田武男

【用 語 編】

＜道徳＞

　『広辞苑 第六版』によれば，「人のふみ行うべき道。ある社会で，その成員の社会に対する，あるいは成員相互間の行為の善悪を判断する基準として，一般に承認されている規範の総体。法律のような外面的強制力を伴うものでなく，個人の内面的な原理」とされている。

　『大辞林』によれば，「ある社会で，人々がそれによって善悪・正邪を判断し，正しく行為するための規範の総体。法律とは違い外的強制力としてではなく，個々人の内面的原理として働くものをいい，また宗教と異なって超越者としての関係ではなく人間相互の関係を規定するもの」とされている。

　語を分割して説明すると，『辞海』によれば，「道」は，「事物が運動するときに必ず守り従う普遍的規律」であり，「徳」とは「道にしたがって得るところのもの」とされている。

　近代以降の我が国では，道徳は，ヨーロッパ語のモラル（英語の moral，ドイツ語の Moral，フランス語の morale）の邦訳語として使われてきた。これらの語源は，ラテン語の moralis であるが，「慣習」という意味のラテン語 mos の複数形 mores に由来する。

＜道徳と倫理＞

　倫理は，ヨーロッパ語（英語の ethics，ドイツ語の Ethik，フランス語の éthique）の邦訳語として使われてきた。これらの語は，集団や民族の「慣習」や「習俗」などを意味するギリシア語の éthos に由来する。

　道徳と倫理は，語源から見てもきわめて類似しており，一般に類似語とされている。しかし，あえて区分すれば，道徳は実践的な概念としての意味をもつのに対し，倫理は理念的・原理的な意味合いを強く含んでいる。

＜道徳と法＞

　法と道徳との関係をめぐってはさまざまな立場があり，また「法」概念それ自体も多義であるが，ここではあえて簡潔に区別するならば，法は外的な規範であるのに対し，道徳は内的な規範である。また，法が社会生活において誰もが守り従うべ

きものとして規定されやすいのに対し，道徳は実際的な内容を含みつつも，理想的な内容を多く含みやすいものである。

＜道徳と宗教＞

　従来から，道徳と宗教とは密接な関係にあるものとされ，両者の関係については，人それぞれの世界観によってさまざまな考え方がある。古くは（特に，西洋においては），民族・部族（国民）の大多数が是認する道徳の内容は，その社会の宗教の中にあるとされてきた。今日でも，宗教は，有限な地上の世界における快適さや便利さや栄誉を追求し，そこに「生きる意味」を見出している人には無縁でむしろ邪魔な存在であるが，宗教的信仰をもつ人にとっては，道徳の基盤には宗教の教えが確固として存在している。カント（Immanuel Kant, 1724-1804）にあっても，自律主義的な道徳が強調されても，理性の理想としての最高善は神によってのみ実現されると説かれている。つまり，道徳の上に宗教が置かれている。一般的な言い方によって両者を区別すれば，道徳は，実生活における人と人との関係の中で，よりよい生き方を追求するのに対し，宗教は，現世を超えた世界観を射程に入れながら，神（仏）と人との関係の中で，よりよい生き方を追求することになる。

＜道徳と科学＞

　科学は，自然を認識する体系である。したがって，科学は，「どのようにして」という事象の説明原理ないしは因果必然の法則を提示してくれる。さらにその提示を基にして，さらに新しい知見が示され，その繰り返しによって科学は発展し続けることになる。その科学のめざましい発展の底には自然の秩序に対する限りない信頼と同時に，そうした秩序を把握する側の人間の知性に対する限りない信頼が垣間見られる。そうした信頼の下に，科学は進歩主義的な価値観をもつことになり，時代によってあるものと離れたり，あるいは結びついたりしながら進歩の道を邁進することになる。

　そのような科学の特徴について，朝永振一郎は次にように述べている。

　「科学そのものに良い，悪いはなく，これを使用する目的や方法に問題があるとする考え方は誤ってはいないと思うが，科学そのものと科学の使用とを明確に区別することは，考えられたものは何でも作るという状況では，難しいことである。むしろ，科学はそれ自身の中に毒を含んだもので，それが薬にもなりうると考えてはどうか。そして，人間は毒のある科学を薬にして生き続けねばならないとすれば，

科学をやたらに使い過ぎることなく，副作用を最小限にとどめるように警戒していくことが必要なのではあるまいか。」(『朝永振一郎著作集　科学と人間』みすず書房，1982年)

　朝永の言う「毒のある科学を薬に」や「警戒していくこと」という役割を演じるものに，道徳がある。その意味で，道徳は，科学との関係について喩えて言えば，車のハンドルないしはブレーキの役割を演じることになる。

＜道徳と情報＞
　社会における情報化が進展する中で，情報化の影の部分に対応するために道徳が重要とされる。その道徳は，一般に「情報モラル」と呼ばれている。情報との関係においては，送り手側の責任，そして受け手側の責任が問われるために，責任を果たすという道徳的価値が重要となる。

＜道徳的価値と徳目＞
　道徳的価値は，望ましい生き方や行為にかかわる価値であるのに対し，徳目は道徳的価値を分類して細目として取りあげたものである。

＜道徳性＞
　狭義には，道徳性は，カントの倫理学用語である Moralität に当たる。行為が，外面的に道徳法則に一致しているという適法性と区別して，道徳法則に対する尊敬を動機としている場合に，道徳性が成立するとされている。また，ヘーゲル (Georg Wilhelm Friedrich Hegel, 1770-1831) にあっては，Moralität は，良心に従う個人的・主観的なものとされ，家族・社会・国家に体現される社会的倫理としての Sittlichkeit とは区別されている。

　しかし，現在の日本では，さらにもっと広義な意味で道徳性という言葉が用いられている。つまり，「道徳性とは，人間としての本来的な在り方やよりよい生き方を目指してなされる道徳的行為を可能にする人格的特性であり，人格の基盤をなすものである」とされている (『小学校学習指導要領解説　道徳編』)。

　なお，道徳性研究に際しては，道徳性を内面的自覚としてとらえるか，または道徳意識と道徳的行動を統合したものとしてとらえるか，によって二つの異なった考え方が存在している。学習指導要領の立場は前者である。

＜道徳的実践と道徳的実践力＞
　道徳的実践は外面的な資質であるのに対し，道徳的実践力は内面的な資質である。したがって，外面的な道徳的実践は，内面的な道徳的実践力を基盤にしている。別な表現をすれば，道徳的実践を「する力」が道徳的実践力ではなく，道徳的実践を「しようとする力」が道徳的実践力なのである。道徳的実践力が育つことによって，より確かな道徳的実践ができるのであり，またそのような道徳的実践を繰り返すことによって，道徳的実践力も強化されるわけである。つまり，道徳教育は，道徳的実践力と道徳的実践が相互に関連し合って，健全な道徳性を育成することになる。

＜開いた道徳と閉じた道徳＞
　ベルクソン（Henri-Louis Bergson, 1859-1941）によれば，宗教は静的宗教と動的宗教とに，社会は閉じた社会と開いた社会とに区別されるように，道徳も開いた道徳と閉じた道徳とに区分される。閉じた道徳とは，社会を維持するために慣習を定式化し，その社会の成員に責務を設定した不動のものであり，いわば静止したものである。したがって，閉じた道徳は，比較的容易に定式化できる。それに対して，開いた道徳とは，止めようとしても止められないような運動性と純粋な精神性をもったものであり，特定な場面で特定な人物に宿る創造的なものである。したがって，開いた道徳は，新しい社会や規律を生み出すという特徴を有している反面，既存の社会や規律を壊すという特徴も有している。我が国の道徳教育において一般に扱われている道徳は，前者の閉じた道徳である。

【資料編】

巻末資料（１）　第１期国定修身教科書

だい六

金次郎は、をぢの家にゐましたときじぶんでなたねをつくって、たねあぶらとりかへてまいばん、べんきゃうしました。をぢは、「本をよむよりうちのしごとをせよ」と、いひました。それから金次郎は、いひつけられたしごとを、すましたあとで、べんきゃうしました。

だい七

金次郎が、じぶんの家にかへりましたとき、その家は、カンナンハ人ヲタマニス。あれはててゐました。金次郎は、それをじぶんで、なほしてすみました。金次郎は、せいだしてはたらいてしまひには、えらい人になりました。

だい八

イギリスのたいしゃう、ネルソンは、フランスのかんたいを、二ねんあまり、かこんでゐました。そのあひだ、雨がふっても、かぜがふいても、すこしもゆだんせずすきのやうすにきをつけてゐました。そしてしまひにてきを

出所）文部省『尋常小學修身書』明治36年（筑波大学附属図書館所蔵）

巻末資料（２）　第２期国定修身教科書書

赤十字社事業の發達を思召さるること深くして、日本赤十字社總會には常に行啓あらせらる。
明治三十七八年戰役の時、皇后陛下は出征軍人の身の上を思ひやり給ひて御手づから繃帯を造りて下し給ひ、又傷病者を病院に御慰問あらせられなど、御仁德の高きは國民のあふぎ奉る所なり。

第三課　忠君愛國（其の一）

昔元の兵我が國に攻めよせたることありき。此の時九州の海岸を守りゐたる勇士の中に河野通有といふ人ありしが、忠君愛國の心深く、故郷を出でし時、敵もし十年の内によせ來らずは我よりわたり行きて合戰せんとちかひを立て、待つこと八年の久しきに及べり。
弘安四年敵船海をおほひて至れり。通有は時こそ來れと勇み立ち、手勢を二艘の船にのせて海上にこぎ出でたり。やがてひとときは目立ちたる敵の大船に近づきしに、敵ははげしく矢を放ちて之をふせぐ通有は左の肩に傷を受けたれども事ともせず、己が船のほばしらを倒してはしごとなし敵の船に乗りうつり、手づから數人を斬りふせ、遂に其の中の大將とおぼしき者を生捕りて歸り來れり。

第四課　忠君愛國（其の二）

北條高時後醍醐天皇を廢し奉らんとして大軍をつかはせり。此の時天皇を守り奉る者少かりき。
楠木正成天皇の召に應じてただちに河内より來り、御前に出でゝし、天皇は深く之を嘉しみことのりして高時を討たしめ給ふ。正成「勝負は戰の習なれば、たまたま敗るゝこともあらんとも歡慮をなやまし給ふことなかれ正成一人生きてありと聞召さば御運必ず開かるべし」と思召し給げに言上して退けり。
かくて正成は僅かの兵を以て勤王の軍をあげて高時の大軍をなやかりごとを運らして、しばしば高時の大軍をなやませしが、天皇の御味方をなす者次第に多く起り

て、遂に高時を打滅したり。天皇隠岐よりかへり給ふ時、道に正成を召して大いに其の功をほめ、やがて正成に命じて御車の前駆をなさしめて、たく都に入らせ給へり。

第五課　仁と勇

加藤清正は仁と勇とをかねたる人なりき。豊臣秀吉の朝鮮を征伐せしとき、清正さき手の大將として朝鮮に攻入りたり。會寧府の城にある者二人の王子をしばりて清正に降參せしに、清正は其の繩をとき、あつく之をもてなしたり。

明國の者清正の武勇をききて大いに恐れ、使をつかはして清正に説き、明國の皇帝四十萬の大兵を出してすでに日本軍を滅したれば、汝も二人の王子をかへして國に歸れ、然らずば汝が軍を打破らん」と云ふ。清正「汝が國の大軍來らんには我之をみなごろしにし、かの二王子の如く汝が國の皇帝をも捕へん」と少しも恐れず答へたり。

出所）文部省『尋常小學修身書』明治44年（筑波大学附属図書館所蔵）

巻末資料(3)　第3期国定修身教科書

習性トナル。

第二十　生き物をあはれめ

ナイチンゲールはイギリスの大地主のむすめで小さい時からなさけ深い人でございました。父が使つてゐた羊かひに一人の老人があつて、犬を一匹かつてゐました。或時その犬が足をいためて苦しんでゐましたその時ナイチンゲールは年とつた僧と一しよに通りあはせて、それを見つけ大そうかはいさうに思ひました。そこで僧にたづねた上、湯できず口を洗ひ、ほうたいをしてやりました。あくる日もまた行つて、手あてをしてやりました。

りました。けれども白い毬が赤い毬より大きくならないのをはづかしく思ひますといつて、別に白い毬を出して鶴臺に見せました。自分をふりかへつて見て、善い行に見せることは初は苦しくても、習慣となればさほどに感じないやうになるものです。

それから二三日たつて、ナイチンゲールは羊かひのところへ行きました。犬はきずがなほつたと見えて羊の番をしてゐましたが、ナイチンゲールを見るとうれしさうに尾をふりました羊か

ひは「もしこの犬が物がいへたら、さぞ厚くお禮をいふでありませう」といひました。

第二十一　博愛

ナイチンゲールが三十四歳のころ、クリミヤ戦役といふいくさがありました。戦がはげしかつた上に、悪い病氣がはやつたので負傷兵や病兵がたくさんに出來ましたが、いしやかんごをする人も少ないために大そうなんぎをしましたナイチンゲールはそれを聞いて、

大ぜいの女を引きつれて、はるぐ\戦地へ出かけ、かんごの事に骨折りました。ナイチンゲールはあまりひどくはたらいて病気になったので、人が皆国に歸ることをすゝめましたけれども、き、入れないで、病氣がなほると又力をつくして傷病兵のかんごをいた

しました。戰爭がすんでイギリスへ歸った時、ナイチンゲールは女帝に、はいえつをゆるされ、厚いおほめにあづかりました。又人々もその博愛の心の深いことにかんしんしました。

第二十二　國旗（こくき）

この繪は紀元節（げんせつ）に家々で日の丸の旗を立てたのを子供たちが見てよろこばしさうに話をしてゐる所です。

どこの国にもその國のしるしの旗があります。これを國旗と申します。日の丸の旗は、我が國の國旗でございます。

我が國の祝日や祭日には、學校でも家々でも國旗を立てます。又我が國の船が外國の港にとまる時にも之を立てます。

國旗はその國のしるしでございますから、我等日本人は日の丸の旗を大切にしなければなりません。又禮儀を知る國民としては外國の國旗もきうたうにうやまはなければなりません。

第二十三　祝日・大祭日

我が國の祝日は新年と紀元節と天長節天長節祝日とでございます。新年は一月一日・二日・

出所）文部省『尋常小學修身書』大正９年（筑波大学附属図書館所蔵）

巻末資料（4） 第4期国定修身教科書

第一　我が國

天皇陛下は我が大日本帝國をお治めになる御方であらせられ我等は皆天皇陛下の臣民であります。
天皇陛下の御先祖は天照大神にましまして、きはめてたふとい御方であらせられます。大神は遠い昔に御孫瓊瓊杵尊をお降しになつて、此の國を治めさせられました。其のとき大神は尊に、
「豊葦原の千五百秋の瑞穂の國は是れ吾が子孫の王たるべき地なり。宜しく爾皇孫就きて治せ。さき

― 1 ―

くませ。寶祚の隆えまさんこと、當に天壌と窮りなかるべし。」
といふ神勅をたまはりました。豊葦原の千五百秋の瑞穂の國とは我が大日本帝國のことで、寶祚とは皇位即ち天皇の御位のことであります。大日本帝國は天照大神の御子孫がお治めになり、皇位が天地と共に窮りなくお榮えになることは此の神勅にお示しになつた通りであります。
瓊瓊杵尊の御曾孫は神武天皇であらせられます。天皇以来御子孫が引續いて皇位におつきになつて永遠

― 2 ―

に我が國をお治めになります。神武天皇が御即位の禮をおあげになつた年から、今年までおよそ二千六百年になります。此の間我が國は、皇室を中心として全國が一つの大きな家族のやうになつて榮えて來ました。御代々の天皇は臣民を子のやうにお

― 3 ―

第一 我が國

いつくしみになり、臣民は祖先以来天皇を親のやうにしたひ奉り、心をあはせて忠君愛國の道につくしました。
世界に國はたくさんありますが我が大日本帝國のやうに、萬世一系の天皇をいただき、皇室と臣民とが一體になつてゐる國は外にはありません。
我等は、かやうなありがたい國に生まれ、かやうな尊い皇室をいたゞいてゐて、又かやうな美風をのこした臣民の子孫でありますから、あつぱれよい日本人となつて皇運を扶翼し奉り我が國を益盛にしなければなりません。

第二 擧國一致

我が國は、皇室の御祖先のおはじめになつた國であります。
國民は、祖先以來、皇運を扶翼し奉って此のりっぱな國をまもつて來ました。國に大事が起つた場合には皆心を一にして、一身一家をかへりみず、忠君愛國の道につくしました。我が國が、世界で最も舊い國であって、一度も外國に國威を傷つけられたことがなく、年と共に益榮えて行くのは皇室の御威光のお盛であらせられるためであるのは申すまでもありませんが、

出所）文部省『尋常小學修身書』昭和13年（筑波大学附属図書館所蔵）

巻末資料（5）　第5期国定修身教科書

二十　ヨイ子ドモ

私タチハ、今度　ミンナ　ソロッテ、三年生ニ　ナリマス。

私タチハ、コノ　學校ヘ　ハイッテカラ、ヨク　ベンキャウヲ　シマシタ。先生ヤ、オトウサン　オカアサンノ　イヒツケヲ　ヨク　守ッテ、ヨイ　子ドモニ　ナラウト　心ガケテ　キマシタ。

私タチハ　先生カラ　イロイロナ　オ話ヲ　聞キマシタ。

天皇陛下ノ　オカゲデ、タイ　コトガ　ワカリマシタ。天皇陛下ヲ　イタダク　日本ノ　國ハ、世界中デ　一番　タフトイ　國デアル　コトヲ　知リマシタ。私タチハ、天皇陛下ニ　チュウギヲ　ツクシ、コノ　ヨイ　國ヲ、ミンナデ　イッソウ　ヨイ　國ニ　シナケレバ　ナラナイト　思ヒマス。

今日ハ、學校ノ　シフゲフシキ　デシタ。ショウジョヲ　イタダイテ、ウチヘ　カヘリマシタ。オトウサン　オカアサンハ、タイソウ　オ喜ビニ　ナッテ、

「コレカラモ、先生ノ　教ヘヲ　守ッテ、イッソウ　ヨイ　子ドモニ　オナリナサイ。」

ト　オッシャイマシタ。

終

出所）文部省『初等科修身』『ヨイコドモ』昭和16年（筑波大学附属図書館所蔵）

巻末資料(6) 尋五の文話系統案

	綴方生活訓	綴方を探究させる	綴方を計画させる	
	1 2 3 4 5 6 7	1 2 3 4 5 6 7 8 9 10 11 12	1 2 3 4 5 6 7 8 9 10 11 12	
文話要項	村の子どもは村のすべての生活の土台が働きであることを知って、村の生活をすること／村の子どもは村の中におとなと一緒に生活するのだということを知らなければならない／村の子どもは村の生活方法を観察し、反省してほんとうのことをかくようにする／村の子どもは何らかの綴方事実を知り、自分をきびしく反省して村の生活方法をよりよくしなければならない。生活をすすめていくかねばならない／自分たちは協調的な生活方法をすすめていくかねばならない／自然の美しさのほかに、自然の育て方や実の飼育等も研究せねばならない	綴方には生活の真実をかけ一頭の中でつくったことはいけない／心を励ますにはまず正しい綴方をしなさい／生活を深く観察して事実の中から綴方の題にせよ／そのほか、平凡なことも父といった、詩で綴方を生かせ／小さなこと、ある人、ある日の綴方をみつけよ／どんな生活にも詩が生れる。必ず詩をかけ／素材から題材を綴方にした／村のことをよくすることごとも／素材、調べる／観察の方法を上手下手、用具、不用意、熟、不熟／科学的な見方(たしかな見方、知的な見方、協調的な見方、ひとり）よりでない／働く方法（仕事方法）を讃美せよ／自分の生活方法を覚えるための調べをせよ（自分の実験、家庭、そ）／生活計画、生活実践のために一調べることの必要／自己反省の綴方をせよ	日記は綴方研究だ／役立つ文日常用の手紙と心の手紙（手紙の様式、挨拶、用件、接文）／村の勉強のためにとかく文とみんなの勉強の改善のために頭を使え／学校生活の改善のためにとかく綴方を使え／実感、実験（自然観察の方法、堅）／働く方法／する方法を讃美せよ	尋五の文話系統案(農村用)
指導留意	○正しき生活作品をまず基礎づけ／○生活様式、恨度の綴方を求める／○生活をすすめていくための綴方を意識する／○良い綴方工作として綴方の親しさ／○詩も綴方に生かしたい。／○よき親方の指導／○題材研究指導、用意したい／○観察題度を培う綴方を多くとり入れたい／○農民技術の文は低中学五年にいかしたい／○年末までの題材中心の文話から進んで、題材をいかに／どんな角度からみていくかを重く強くやりたい／○系統的にたかすたけやっていきたい			

綴方教室スローガン	文の研究・生活研究文話	記号技術の文話	表現を計画させる	
	1 2 3 4 5 6 7 8 9 10 11	1 2 3 4 5 6 7	1 2 3 4 5 6 7 8 9 10 11 12 13	13
生活勉強と本の勉強、真実な生活、調べわかってから、文は遊具、文は提案、一息に触れ、生活協調、この勉強でこの勉強、働く技術と働く協調。さあやろう／生活綴方らしい親方、文法の用意はいいか、「尋五」をもつ子ども農村生活者らしい親方、文法の綴方の不服だらさ／この研究、個人としての研究作品による学級の綴方、反省、批評吟味等／文学綴方の研究、文の綴方現実について共同で研究せよ作品の綴方現実、作者、人物、場所、時間／この作品、何をかかずにはいられなかったのか、作者の綴方態度はどうか（反省も、あらわれ、作者にも）／この文はなぜ書かれたのか、何を知らせたかったのか／段落、会話、仮名書、助詞、助動詞の吟味、重取、脱落等の訂正／漢字の吟味／絵画、版画、彫刻表現、空虚な言葉／生活音数、外来語表記／原稿用紙の上手な使い方とよその純粋化／作者の綴方首の生かし方／綴方音読について	評題された／調べる綴方、方法、整理、判断、等の生活行動を語るお話／素材の調べ方と反省は精密か正確か／文の構成のプランのたて方と文の順序とかみあわせても正しか／文の観察点を選べ主題のきめ方、詳細／具体化の方法・生活で描く／文の経済化、省筆・切描・立体のよい生かし方／文の調子やリズムを工夫せよ／説明でかくな文と描写でかく文／文の出した／観察詞、平常、批判観察、整理批判化した／心の綴りや、自然の学生としての綴方も、会話の生かし方／一つの言葉、力強い表現、生活からの言葉で表現の過ぎる／文題のつけ方	○足書前の文話、表現研究の文話をする。／○尋五からの新指導点。／○文時間の綴りのみの文からよよい表現のための綴方を工夫させる。／○⑤⑥⑨等のよい活用。／○別に時間をかけてやるのではない。／○事実のうえにたって実写するもの。／○推敲のときなどふれる。／○特にこの学年からは敬語につけだしたい。／○表現研究としては⑤でいく。大切。／○民多発に見にじについての吟味、研究活動として⑤⑥⑩／○実現研究は⑤⑥やる。／○親方の正しい方向へ導く力の育成。／○綴方態度に拍車をかけるスローガン／○各級でもっと工夫したい	

出所）「文話指導系統案（1934年11月作成）」国分一太郎『生活綴方とともに I』新評論、1984年

巻末資料（7）　教育基本法（新旧対照表）
改正前後の教育基本法の比較

（※下線部・枠囲いは主な変更箇所）

改正後の教育基本法 （平成18年法律第120号）	改正前の教育基本法 （昭和22年法律第25号）
前文 　我々日本国民は、たゆまぬ努力によって築いてきた民主的で文化的な国家を更に発展させるとともに、世界の平和と人類の福祉の向上に貢献することを願うものである。 　我々は、この理想を実現するため、個人の尊厳を重んじ、真理と正義を希求し、<u>公共の精神を尊び、豊かな人間性と創造性を備えた人</u>間の育成を期するとともに、<u>伝統を継承し、</u>新しい文化の創造を目指す教育を推進する。 　ここに、我々は、日本国憲法の精神にのっとり、我が国の<u>未来を切り拓く</u>教育の基本を確立し、その振興を図るため、この法律を制定する。	前文 　われらは、さきに、日本国憲法を確定し、民主的で文化的な国家を建設して、世界の平和と人類の福祉に貢献しようとする決意を示した。この理想の実現は、根本において教育の力にまつべきものである。 　われらは、個人の尊厳を重んじ、真理と平和を希求する人間の育成を期するとともに、普遍的にしてしかも個性ゆたかな文化の創造をめざす教育を普及徹底しなければならない。 　ここに、日本国憲法の精神に則り、教育の目的を明示して、新しい日本の教育の基本を確立するため、この法律を制定する。
第一章　教育の目的及び理念 （教育の目的） 第一条　教育は、人格の完成を目指し、平和で民主的な国家及び社会の形成者として必要な資質を備えた心身ともに健康な国民の育成を期して行われなければならない。	第一条（教育の目的）　教育は、人格の完成をめざし、平和的な国家及び社会の形成者として、真理と正義を愛し、個人の価値をたつとび、勤労と責任を重んじ、自主的精神に充ちた心身ともに健康な国民の育成を期して行われなければならない。

改正後の教育基本法 （平成１８年法律第１２０号）	改正前の教育基本法 （昭和２２年法律第２５号）
（教育の目標） 第二条　教育は、その目的を実現するため、学問の自由を尊重しつつ、次に掲げる目標を達成するよう行われるものとする。 一　幅広い知識と教養を身に付け、真理を求める態度を養い、豊かな情操と道徳心を培うとともに、健やかな身体を養うこと。 二　個人の価値を尊重して、その能力を伸ばし、創造性を培い、自主及び自律の精神を養うとともに、職業及び生活との関連を重視し、勤労を重んずる態度を養うこと。 三　正義と責任、男女の平等、自他の敬愛と協力を重んずるとともに、公共の精神に基づき、主体的に社会の形成に参画し、その発展に寄与する態度を養うこと。 四　生命を尊び、自然を大切にし、環境の保全に寄与する態度を養うこと。 五　伝統と文化を尊重し、それらをはぐくんできた我が国と郷土を愛するとともに、他国を尊重し、国際社会の平和と発展に寄与する態度を養うこと。	第二条（教育の方針）　教育の目的は、あらゆる機会に、あらゆる場所において実現されなければならない。この目的を達成するためには、学問の自由を尊重し、実際生活に即し、自発的精神を養い、自他の敬愛と協力によつて、文化の創造と発展に貢献するように努めなければならない。

改正後の教育基本法 （平成18年法律第120号）	改正前の教育基本法 （昭和22年法律第25号）
（生涯学習の理念） 第三条　国民一人一人が、自己の人格を磨き、豊かな人生を送ることができるよう、その生涯にわたって、あらゆる機会に、あらゆる場所において学習することができ、その成果を適切に生かすことのできる社会の実現が図られなければならない。	（新設）
（教育の機会均等） 第四条　すべて国民は、ひとしく、その能力に応じた教育を受ける機会を与えられなければならず、人種、信条、性別、社会的身分、経済的地位又は門地によって、教育上差別されない。	第三条（教育の機会均等）　すべて国民は、ひとしく、その能力に応ずる教育を受ける機会を与えられなければならないものであつて、人種、信条、性別、社会的身分、経済的地位又は門地によつて、教育上差別されない。
2　国及び地方公共団体は、障害のある者が、その障害の状態に応じ、十分な教育を受けられるよう、教育上必要な支援を講じなければならない。	（新設）
3　国及び地方公共団体は、能力があるにもかかわらず、経済的理由によって修学が困難な者に対して、奨学の措置を講じなければならない。	2　国及び地方公共団体は、能力があるにもかかわらず、経済的理由によつて修学困難な者に対して、奨学の方法を講じなければならない。

改正後の教育基本法 （平成１８年法律第１２０号）	改正前の教育基本法 （昭和２２年法律第２５号）
第二章　教育の実施に関する基本 （義務教育） 第五条　国民は、その保護する子に、<u>別に法律で定めるところにより</u>、普通教育を受けさせる義務を負う。	第四条（義務教育）　国民は、その保護する子女に、九年の普通教育を受けさせる義務を負う。
２　義務教育として行われる普通教育は、各個人の有する能力を伸ばしつつ社会において自立的に生きる基礎を培い、また、国家及び社会の形成者として必要とされる基本的な資質を養うことを目的として行われるものとする。	（新設）
３　国及び地方公共団体は、義務教育の機会を保障し、その水準を確保するため、適切な役割分担及び相互の協力の下、その実施に責任を負う。	（新設）
４　国又は地方公共団体の設置する学校における義務教育については、授業料を徴収しない。	２　国又は地方公共団体の設置する学校における義務教育については、授業料は、これを徴収しない。
（削除）	第五条（男女共学）　男女は、互に敬重し、協力し合わなければならないものであつて、教育上男女の共学は、認められなければならない。

改正後の教育基本法 （平成18年法律第120号）	改正前の教育基本法 （昭和22年法律第25号）
（学校教育） 第六条　法律に定める学校は、公の性質を有するものであって、国、地方公共団体及び法律に定める法人のみが、これを設置することができる。	第六条（学校教育）　法律に定める学校は、公の性質をもつものであつて、国又は地方公共団体の外、法律に定める法人のみが、これを設置することができる。
2　前項の学校においては、教育の目標が達成されるよう、教育を受ける者の心身の発達に応じて、体系的な教育が組織的に行われなければならない。この場合において、教育を受ける者が、学校生活を営む上で必要な規律を重んずるとともに、自ら進んで学習に取り組む意欲を高めることを重視して行われなければならない。	（新設）
「（教員）第九条」として独立	2　法律に定める学校の教員は、全体の奉仕者であつて、自己の使命を自覚し、その職責の遂行に努めなければならない。このためには、教員の身分は、尊重され、その待遇の適正が、期せられなければならない。

改正後の教育基本法 (平成18年法律第120号)	改正前の教育基本法 (昭和22年法律第25号)
(大学) 第七条　大学は、学術の中心として、高い教養と専門的能力を培うとともに、深く真理を探究して新たな知見を創造し、これらの成果を広く社会に提供することにより、社会の発展に寄与するものとする。 2　大学については、自主性、自律性その他の大学における教育及び研究の特性が尊重されなければならない。	(新設)
(私立学校) 第八条　私立学校の有する公の性質及び学校教育において果たす重要な役割にかんがみ、国及び地方公共団体は、その自主性を尊重しつつ、助成その他の適当な方法によって私立学校教育の振興に努めなければならない。	(新設)
(教員) 第九条　法律に定める学校の教員は、自己の<u>崇高な使命</u>を深く自覚し、<u>絶えず研究と修養に励み</u>、その職責の遂行に努めなければならない。 2　前項の教員については、その使命と職責の重要性にかんがみ、その身分は尊重され、待遇の適正が期せられるとともに、<u>養成と研修の充実が図られなければならない</u>。	【再掲】第六条（略） 2　法律に定める学校の教員は、全体の奉仕者であって、自己の使命を自覚し、その職責の遂行に努めなければならない。このためには、教員の身分は、尊重され、その待遇の適正が、期せられなければならない。

改正後の教育基本法 （平成18年法律第120号）	改正前の教育基本法 （昭和22年法律第25号）
（家庭教育） 第十条　父母その他の保護者は、子の教育について第一義的責任を有するものであって、生活のために必要な習慣を身に付けさせるとともに、自立心を育成し、心身の調和のとれた発達を図るよう努めるものとする。 2　国及び地方公共団体は、家庭教育の自主性を尊重しつつ、保護者に対する学習の機会及び情報の提供その他の家庭教育を支援するために必要な施策を講ずるよう努めなければならない。	（新設）
（幼児期の教育） 第十一条　幼児期の教育は、生涯にわたる人格形成の基礎を培う重要なものであることにかんがみ、国及び地方公共団体は、幼児の健やかな成長に資する良好な環境の整備その他適当な方法によって、その振興に努めなければならない。	（新設）
（社会教育） 第十二条　個人の要望や社会の要請にこたえ、社会において行われる教育は、国及び地方公共団体によって奨励されなければならない。 2　国及び地方公共団体は、図書館、博物館、公民館その他の社会教育施設の設置、学校の施設の利用、学習の機会及び情報の提供その他の適当な方法によって社会教育の振興に努めなければならない。	第七条（社会教育）　家庭教育及び勤労の場所その他社会において行われる教育は、国及び地方公共団体によって奨励されなければならない。 2　国及び地方公共団体は、図書館、博物館、公民館等の施設の設置、学校の施設の利用その他適当な方法によつて教育の目的の実現に努めなければならない。

改正後の教育基本法 （平成１８年法律第１２０号）	改正前の教育基本法 （昭和２２年法律第２５号）
（学校、家庭及び地域住民等の相互の連携協力） 第十三条　学校、家庭及び地域住民その他の関係者は、教育におけるそれぞれの役割と責任を自覚するとともに、相互の連携及び協力に努めるものとする。	（新設）
（政治教育） 第十四条　良識ある公民として必要な政治的教養は、教育上尊重されなければならない。 ２　法律に定める学校は、特定の政党を支持し、又はこれに反対するための政治教育その他政治的活動をしてはならない。	第八条（政治教育）　良識ある公民たるに必要な政治的教養は、教育上これを尊重しなければならない。 ２　法律に定める学校は、特定の政党を支持し、又はこれに反対するための政治教育その他政治的活動をしてはならない。
（宗教教育） 第十五条　宗教に関する寛容の態度、<u>宗教に関する一般的な教養</u>及び宗教の社会生活における地位は、教育上尊重されなければならない。 ２　国及び地方公共団体が設置する学校は、特定の宗教のための宗教教育その他宗教的活動をしてはならない。	第九条（宗教教育）　宗教に関する寛容の態度及び宗教の社会生活における地位は、教育上これを尊重しなければならない。 ２　国及び地方公共団体が設置する学校は、特定の宗教のための宗教教育その他宗教的活動をしてはならない。

改正後の教育基本法 （平成18年法律第120号）	改正前の教育基本法 （昭和22年法律第25号）
第三章　教育行政 （教育行政） 第十六条　教育は、不当な支配に服することなく、この法律及び他の法律の定めるところにより行われるべきものであり、教育行政は、国と地方公共団体との適切な役割分担及び相互の協力の下、公正かつ適正に行われなければならない。	第十条（教育行政）　教育は、不当な支配に服することなく、国民全体に対し直接に責任を負って行われるべきものである。 2　教育行政は、この自覚のもとに、教育の目的を遂行するに必要な諸条件の整備確立を目標として行われなければならない。
2　国は、全国的な教育の機会均等と教育水準の維持向上を図るため、教育に関する施策を総合的に策定し、実施しなければならない。	（新設）
3　地方公共団体は、その地域における教育の振興を図るため、その実情に応じた教育に関する施策を策定し、実施しなければならない。	（新設）
4　国及び地方公共団体は、教育が円滑かつ継続的に実施されるよう、必要な財政上の措置を講じなければならない。	（新設）

改正後の教育基本法 （平成18年法律第120号）	改正前の教育基本法 （昭和22年法律第25号）
（教育振興基本計画） 第十七条　政府は、教育の振興に関する施策の総合的かつ計画的な推進を図るため、教育の振興に関する施策についての基本的な方針及び講ずべき施策その他必要な事項について、基本的な計画を定め、これを国会に報告するとともに、公表しなければならない。 2　地方公共団体は、前項の計画を参酌し、その地域の実情に応じ、当該地方公共団体における教育の振興のための施策に関する基本的な計画を定めるよう努めなければならない。	（新設）
第四章　法令の制定 第十八条　この法律に規定する諸条項を実施するため、必要な法令が制定されなければならない。	第十一条（補則）　この法律に掲げる諸条項を実施するために必要がある場合には、適当な法令が制定されなければならない。

出所）文部科学省教育基本法資料室
　　　（http://www.mext.go.jp/b_menu/kihon/about/index.htm，2010.1.28）

巻末資料（8） 心のノート

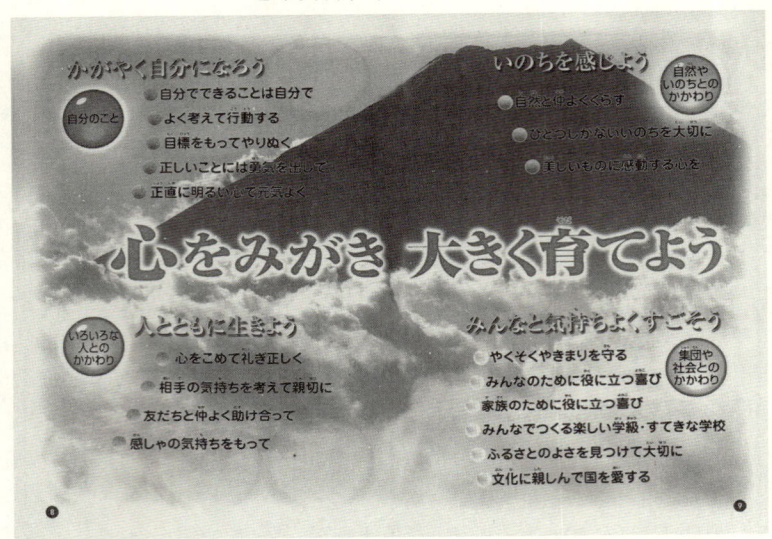

かがやく自分になろう
【自分のこと】
- 自分でできることは自分で
- よく考えて行動する
- 目標をもってやりぬく
- 正しいことには勇気を出して
- 正直に明るいして元気よく

いのちを感じよう
【自然やいのちとのかかわり】
- 自然と仲よくくらす
- ひとつしかないいのちを大切に
- 美しいものに感動する心を

心をみがき 大きく育てよう

人とともに生きよう
【いろいろな人とのかかわり】
- 心をこめて礼儀正しく
- 相手の気持ちを考えて親切に
- 友だちと仲よく助け合って
- 感しゃの気持ちをもって

みんなと気持ちよくすごそう
【集団や社会とのかかわり】
- やくそくやきまりを守る
- みんなのために役に立つ喜び
- 家族のために役に立つ喜び
- みんなでつくる楽しい学級・すてきな学校
- ふるさとのよさを見つけて大切に
- 文化に親しんで国を愛する

郷土や国を愛する心を

見つめよう
わたしのふるさと
そしてこの国

ふるさと——
それは、わたしに
やすらぎと
やさしさと
あたたかさをあたえてくれるところ。

ふるさと——
それは、わたしが帰るところ。
大きくなってふり返ったとき
ここに生まれてよかった
ここに住んでいてよかった
そう、思えるところ。

それが、わたしのふるさと。

この国を育ててきたわたしたち、わたしの住むふるさとには、わが国の伝統や文化が脈々と受けつがれている。それらを守り育てる使命がわたしたちにはある。そのための力をいま、養っているだろうか。高度の科学技術の発達、国際化、情報化の波、そしてお年寄りが多くなり子どもが少なくなる世の中、わが国の社会は急激な変化のなかにある。わたしたちは、わが国の伝統を大切にしながら、未来を切りひらく力を身につけていかなければならない。

◆わたしのふるさとしょうかい

ルールとは
なんのためにあるのだろう?

法やきまりは、スポーツのルールと同じこと。たとえば、ボールの奪い合いとなったラグビーは、競技として成り立たないばかりか、観戦している私たちに感動を与えることもないだろう。
ラグビーでも、バレーボールでも、サッカーでも、野球でも、これは、スポーツ競技すべてにて共通する。競技の中でルールはだれもが守るべきものとして定められ、もしこれに反する行為があったなら、失格となり、罰せられる。
世の中に目を転じれば、法やきまり、つまり社会のルール、スポーツのルールと同じことなのだ。

だから
きまりがなかったら…

世の中に法やきまりがなかったらどうなるとあなたは考えますか?

社会科で　　　　　年　月　日

道徳の時間で　　　年　月　日

法やきまりについて
学んだこと、考えたこと

法やきまりについて学んだことや、いろいろな場面で知ったことをまとめ、感じたこと、考えたことを記録しておきましょう。

年　月　日

法やきまりを守る
気持ちよい社会を

たとえば、やるべきことをやらずに自分の権利だけを主張する人がいたとしたら、あなたはどう感じるだろうか。
あるいは、他人の権利は認めないのに、自分の権利を押し通そうとする人がいたら、あなたは、なんと言うだろうか。
このとき、あなたが感じたこと、言おうとしたことに、「権利と義務」について考えるヒントがあるようだ。

権利と義務ってなんだろう?

他人の権利の尊重／義務を果たすこと／権利の正しい主張

社会生活の秩序と規律

この学級に正義はあるか
正義はあるか!

つらい思いをしている仲間はいないか?

身近な正義の実現
小さな正義の積み上げが大きな正義の輪をつくる

資料編　157

うそなんか つくもんか

— あかるい 気もちで

うそ ついちゃった。
本とうは ぼくが やぶいたのに
おとうとが やった、って いっちゃった。

つくえの 上の ロボットが 目を 赤くした。
ぬいぐるみの タロベーが くびを かくんと まげた。
おとうとが おしゃぶりを おとして
「フギャー」と ないた。

本とうの ことを しっている みんなが おこって
ぼくを にらんで いるみたい。
もう うそなんか つかないぞ。

おもいきって
「ごめんなさい」って
いって ごらん。
きっと げん気が
わいて くるよ!

— あかるい 気もちで

ないしょのはこ

あなたの こころの 中の
ないしょの はこ。
ないしょを そっと
しまって おく
だいじな はこ。
その はこには どんな ないしょが
はいって いるかな。
しまって おきたい ないしょかな。
だして しまいたい ないしょかな。

はこの 中を のぞくとき あなたは どんな 気もちかな。

きょうは どんな 一日だったかな。
あかるい 気もちで たのしく いっしょうけんめいに
すごせた 一日だったら 気きゅうの
ふうせんに 青い いろを ぬろう。
もう すこしだったなと おもう
日には きいろい いろを ぬろう。

ぬりはじめた 日
( ) 月 ( ) 日
ぬりおわった 日
( ) 月 ( ) 日

ぜんぶ ぬりおわったら じぶんでも
あたらしい 気きゅうの えを
かいて みましょう。

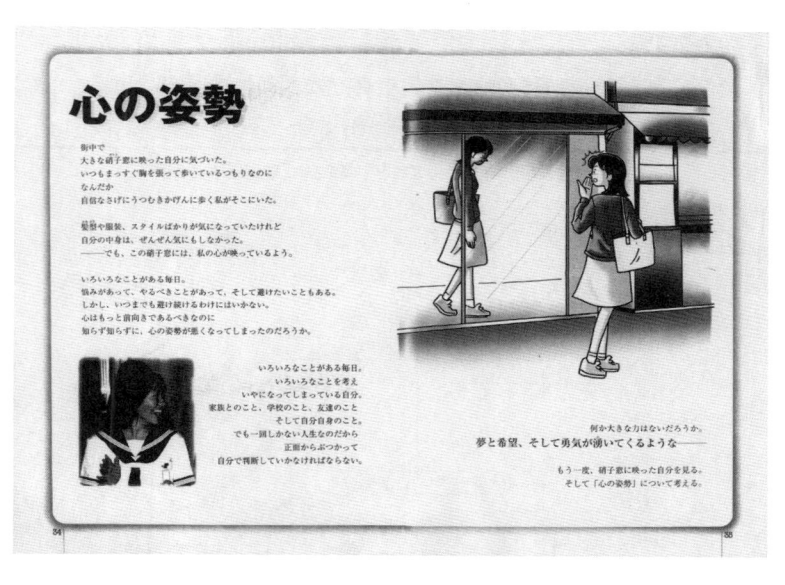

出所）文部科学省『心のノート』2002年

巻末資料(9)　学習指導案の作成例

学習指導案の作成

指導案作成までの手順と要点

児童生徒の実態と教員の願いから

Q　道徳の時間の指導案を作成するには，どんな手順で進めればよいのですか。

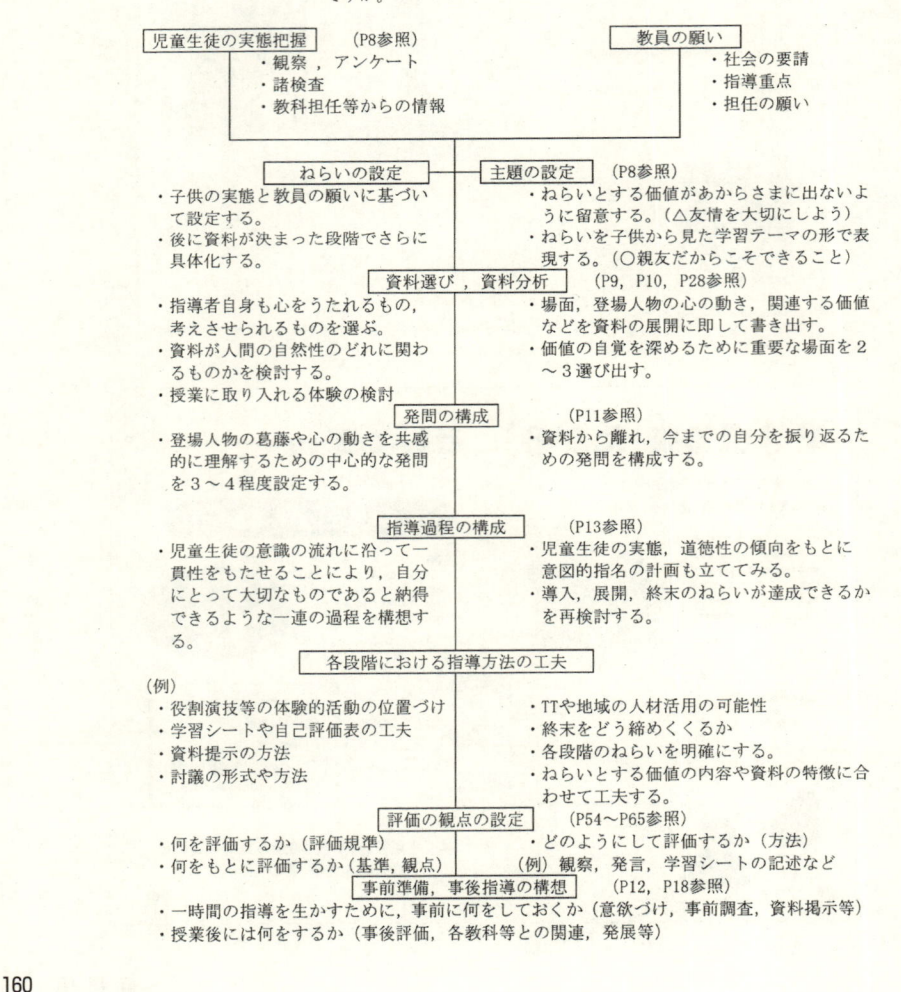

児童生徒の実態把握　（P8参照）	教員の願い
・観察，アンケート ・諸検査 ・教科担任等からの情報	・社会の要請 ・指導重点 ・担任の願い

ねらいの設定	主題の設定　（P8参照）
・子供の実態と教員の願いに基づいて設定する。 ・後に資料が決まった段階でさらに具体化する。	・ねらいとする価値があからさまに出ないように留意する。（△友情を大切にしよう） ・ねらいを子供から見た学習テーマの形で表現する。（○親友だからこそできること）

資料選び，資料分析　（P9, P10, P28参照）	
・指導者自身も心をうたれるもの，考えさせられるものを選ぶ。 ・資料が人間の自然性のどれに関わるものかを検討する。 ・授業に取り入れる体験の検討	・場面，登場人物の心の動き，関連する価値などを資料の展開に即して書き出す。 ・価値の自覚を深めるために重要な場面を2～3選び出す。

発問の構成　（P11参照）	
・登場人物の葛藤や心の動きを共感的に理解するための中心的な発問を3～4程度設定する。	・資料から離れ，今までの自分を振り返るための発問を構成する。

指導過程の構成　（P13参照）	
・児童生徒の意識の流れに沿って一貫性をもたせることにより，自分にとって大切なものであると納得できるような一連の過程を構想する。	・児童生徒の実態，道徳性の傾向をもとに意図的指名の計画も立ててみる。 ・導入，展開，終末のねらいが達成できるかを再検討する。

各段階における指導方法の工夫	
（例） ・役割演技等の体験的活動の位置づけ ・学習シートや自己評価表の工夫 ・資料提示の方法 ・討議の形式や方法	・TTや地域の人材活用の可能性 ・終末をどう締めくくるか ・各段階のねらいを明確にする。 ・ねらいとする価値の内容や資料の特徴に合わせて工夫する。

評価の観点の設定　（P54～P65参照）	
・何を評価するか（評価規準） ・何をもとに評価するか（基準,観点）	・どのようにして評価するか（方法） （例）観察，発言，学習シートの記述など

事前準備，事後指導の構想　（P12, P18参照）
・一時間の指導を生かすために，事前に何をしておくか（意欲づけ，事前調査，資料掲示等） ・授業後には何をするか（事後評価，各教科等との関連，発展等）

学習指導案の作成

指導案作成のポイント
自分らしさが出る個性的な指導案のすすめ

Q　道徳の時間の指導案作成上の留意点を教えてください。

学習指導案とは

ねらいを達成するために何を，どんな順序で，どのように指導するかを構想し，一定の形式にまとめたものです。特別に定められた基準や形式はありませんが，児童生徒一人一人の願いに応えようとする姿勢にたって作成することが大切です。

また，児童生徒の実態や教員の願いから出発する道徳授業の指導案は，その学級でだけ機能する固有のものです。マニュアルに頼らず，個性的な指導案を開発しましょう。

個性的な指導案にする方法

その時間に扱う内容，ねらい，資料などによって，いろいろな指導の方式があるので常に特定の形式によって指導案を作成することには無理が生じます。ここでは，指導案作成時の「姿勢」あるいは「心がけ」によって自分らしい指導案にしていく方法について紹介します。

一貫性をもたせる

（1）児童生徒の実態と教員の願いをもとに一貫性をもたせて書く。

指導案の中に「なぜこの授業をするのか」が明確に示されていることが必要です。ねらいや主題は，指導書からの引用ではなく，児童生徒の実態や教員の願いに基づいたもので，授業者の十分な検討を経て，授業者の言葉でまとめられていることが大切です。

特に，主題設定の理由に，実態，ねらい，資料，教員の願いなどについて，この授業を計画する動機を一貫性をもって明確に述べることによって自分らしい指導案になっていきます。

具体的に示す

（2）指導の方法を具体的に示す。

展開部分の形式は様々なものが開発されていますが，多くの場合，教員の活動が「主な発問」に集約されてしまっています。予想される子供の反応は示されていますが，その後，どういう方法で「目指す子供の姿」に行きつこうとしているのか具体的な方法が示されていないのです。「支援の方法」を詳細に示すことにより個性的かつ実効的な指導案となります。

「支援の方法」に記述する具体的な方法例は，次のようなものです。
　（例1）資料提示をする。
　　　　場面絵を掲示しながら，教員の語りによって資料を理解する。
　（例2）登場人物の心情について考えさせる。
　　　　役割演技により，母親の心情を理解する。
　（例3）授業後の感想について話し合う。
　　　　学習シートへの書き込みとシェアリングにより自分の心の動きを確認する。

意識の流れに沿った展開

（3）児童生徒の意識の流れに沿った展開にする。

道徳の時間の積み重ねによって，児童生徒が「人間としての生き方」を自覚するためには一時間の授業が，子供の意識の流れに沿って展開されなくてはなりません。平均的な小中学生ではなく，今ここにいる，この子供たちが何を感じ，どう考えるかを予想しながら指導案を作成しましょう。

学習指導案の作成

指導案の項目と内容

一般的な学習指導案の内容例

Q 指導案は、どんな項目で構成すればよいのですか。

指導案の形式には、特に決まった基準はありませんが、一般的には次のような内容で構成します。

第〇学年道徳学習指導案

指導者氏名　印

1　主題名　「　　　　　　　　　」　2－(3) 友情・信頼

　　年間指導計画に示された主題名を記述しますが、主題名が児童生徒にある種の先入観を与えたり、ねらいとする価値が露骨に表れてしまったりするような場合は、資料名で示すことも考えられます。主題名は子供側から見た学習テーマと考えられるので、児童生徒の実態に合わせて内容を吟味し、価値を示唆しながら、しかも児童生徒の関心を引くような表現が望ましいでしょう。

2　資料名　「　　　　　　　　　」　（出典　　　　　）

3　主題設定の理由

　　なぜこの主題を設定したかを、児童生徒の実態と教員の願いをもとに一貫性をもたせて記述します。

（1）ねらいとする価値

　　本時に取り上げる主題や価値が道徳教育上どのような意味をもっているのか、また、それに対する教員の願いや指導意図はどこにあるのかについて述べます。さらに、主題のねらいが他の教育活動における道徳教育や、他の道徳の時間とどのような関連をもっているのかについても示す必要があります。また、心のノートとの関連的指導が考えられる場合には、それも合わせて記述しておきます。

（2）ねらいに関わる児童生徒の実態

　　児童生徒のどのような実態から、この主題が具体化され設定されたのか、また、児童生徒に、このねらいで指導することの必要性やねらいに関わる道徳上の問題点などを記述します。

（3）資料について

　　この資料を選択した理由と活用のしかたについて述べます。特に、資料が人間のどんな自然性に関連しているのかを明確にすることにより発問や展開の方向性が明らかになります。

4　本時のねらい

　　この授業をとおして、どのような道徳的心情、判断力、実践意欲と態度を育てようとしているのかを記述します。

5　展開

　　「主な発問と学習活動」「指導援助の方法と留意点」「期待する子供の姿」で構成するのがよいと思われます。

6　評価計画

　　本時のねらいと対応させて、「どの場面で」「何について」「どんな方法で」評価するのかを記述します。

学習指導案の作成

指導案のチェックリスト

1 指導案の形式
   - ☐ 主題名，資料名（出典），主題設定の理由，ねらい，展開（学習活動，主な発問，指導援助の方法，期待する子供の姿），評価の観点がもれなく記述されているか。
2 主題名
   - ☐ 本時のねらいが，子供の側から見た学習テーマのかたちで表現されているか。
   - ☐ 結論やねらいがあからさまに表現され，子供の意欲を失わせる心配はないか。
3 資料
   - ☐ 児童生徒が，自分と重ね合わせて考えられる資料であるか。
   - ☐ 多様な価値観が引き出される資料であるか。
   - ☐ 教師自身も心を動かされるような資料であるか。
   - ☐ 学級のすべての子供が読みこなせる資料であるか。
4 主題設定の理由
   - ☐ 児童生徒の実態と教師の願いをもとに，なぜ，この主題を設定したかが明確になっているか。
   - ☐ 各教科，特別活動，総合的な学習の時間などとの関連が述べられているか。
   - ☐ この資料を選択した理由と活用の仕方が明らかにされているか。
5 ねらいについて
   - ☐ 人間のもつ自然性の観点から資料を検討し，資料にふさわしいねらいが設定されているか。
6 導入部分について
   - ☐ ねらいとする価値や資料への方向付けが行われているか。
   - ☐ 自分にも関わりがありそうだ，という意識をもたせられる導入になっているか。
   - ☐ 短時間で効果的に行われているか。
7 展開前段について
   - ☐ 学年の発達段階に応じた資料提示の工夫がなされているか。
   - ☐ 価値を追究するために選び出した場面は，適切であるか。
   - ☐ あらすじを問うような発問は，極力ひかえているか。
   - ☐ 登場人物に託して，自分の判断や心情，葛藤が語られるような発問構成ができているか。
   - ☐ 体験を生かしたり，取り入れたりするなど登場人物の心情を共感的に理解する工夫がされているか。
   - ☐ 資料理解に時間をかけすぎていないか。
8 展開後段について
   - ☐ 前段で追究した価値に照らして，今までの自分がどうであったかを見つめる発問がなされているか。
   - ☐ 自己を振り返らせる発問が，失敗を公表させたり懺悔させたりする発問になっていないか。
   - ☐ 自己を振り返らせる発問は，自他のよさや可能性に気づけるような発問になっているか。
   - ☐ 少なくとも10分程度の時間が確保できるか。
9 終末部分について
   - ☐ 価値を押しつけたり，行為を強制したりするまとめになっていないか。
   - ☐ 児童生徒が本時の授業を振り返り，「自分にとっても大切なことだ」「自分もいつかそのようになりたい」と思えるような終末の工夫がされているか。
10 評価について
   - ☐ 授業をとおした自己の変容や成長を自覚できる振り返りが行われているか。
   - ☐ 価値の自覚をどのように深めたか，道徳的実践力をどのような形で身に付けたかを評価する場面が位置づけられているか。

出所）山梨県総合教育センターのホームページより掲載
　　　（http://www.ypec.ed.jp/syoukai/doutoku/2-5.pdf, 2010.1.28）

巻末資料(10)　小学校学習指導要領（平成20年3月告示）抜粋

第1章　総　　則
　第1　教育課程編成の一般方針
　　2．学校における道徳教育は，道徳の時間を要として学校の教育活動全体を通じて行うものであり，道徳の時間はもとより，各教科，外国語活動，総合的な学習の時間及び特別活動のそれぞれの特質に応じて，児童の発達の段階を考慮して，適切な指導を行わなければならない。

　　　道徳教育は，教育基本法及び学校教育法に定められた教育の根本精神に基づき，人間尊重の精神と生命に対する畏敬の念を家庭，学校，その他社会における具体的な生活の中に生かし，豊かな心をもち，伝統と文化を尊重し，それらをはぐくんできた我が国と郷土を愛し，個性豊かな文化の創造を図るとともに，公共の精神を尊び，民主的な社会及び国家の発展に努め，他国を尊重し，国際社会の平和と発展や環境の保全に貢献し未来を拓く主体性のある日本人を育成するため，その基盤としての道徳性を養うことを目標とする。

　　　道徳教育を進めるに当たっては，教師と児童及び児童相互の人間関係を深めるとともに，児童が自己の生き方についての考えを深め，家庭や地域社会との連携を図りながら，集団宿泊活動やボランティア活動，自然体験活動などの豊かな体験を通して児童の内面に根ざした道徳性の育成が図られるよう配慮しなければならない。その際，特に児童が基本的な生活習慣，社会生活上のきまりを身に付け，善悪を判断し，人間としてしてはならないことをしないようにすることなどに配慮しなければならない。

第3章　道　　徳
　第1　目　標
　　　道徳教育の目標は，第1章総則の第1の2に示すところにより，学校の教育活動全体を通じて，道徳的な心情，判断力，実践意欲と態度などの道徳性を養うこととする。

　　　道徳の時間においては，以上の道徳教育の目標に基づき，各教科，外国語活動，総合的な学習の時間及び特別活動における道徳教育と密接な関連を図りながら，計画的，発展的な指導によってこれを補充，深化，統合し，道徳的価値の自覚及び自己の生き方についての考えを深め，道徳的実践力を育成するものとする。

第2　内　容

　道徳の時間を要として学校の教育活動全体を通じて行う道徳教育の内容は，次のとおりとする。

〔第1学年及び第2学年〕

1．主として自分自身に関すること。
  (1)　健康や安全に気を付け，物や金銭を大切にし，身の回りを整え，わがままをしないで，規則正しい生活をする。
  (2)　自分がやらなければならない勉強や仕事は，しっかりと行う。
  (3)　よいことと悪いことの区別をし，よいと思うことを進んで行う。
  (4)　うそをついたりごまかしをしたりしないで，素直に伸び伸びと生活する。
2．主として他の人とのかかわりに関すること。
  (1)　気持ちのよいあいさつ，言葉遣い，動作などに心掛けて，明るく接する。
  (2)　幼い人や高齢者など身近にいる人に温かい心で接し，親切にする。
  (3)　友達と仲よくし，助け合う。
  (4)　日ごろ世話になっている人々に感謝する。
3．主として自然や崇高なものとのかかわりに関すること。
  (1)　生きることを喜び，生命を大切にする心をもつ。
  (2)　身近な自然に親しみ，動植物に優しい心で接する。
  (3)　美しいものに触れ，すがすがしい心をもつ。
4．主として集団や社会とのかかわりに関すること。
  (1)　約束やきまりを守り，みんなが使う物を大切にする。
  (2)　働くことのよさを感じて，みんなのために働く。
  (3)　父母，祖父母を敬愛し，進んで家の手伝いなどをして，家族の役に立つ喜びを知る。
  (4)　先生を敬愛し，学校の人々に親しんで，学級や学校の生活を楽しくする。
  (5)　郷土の文化や生活に親しみ，愛着をもつ。

〔第3学年及び第4学年〕

1．主として自分自身に関すること。
  (1)　自分でできることは自分でやり，よく考えて行動し，節度のある生活をする。
  (2)　自分でやろうと決めたことは，粘り強くやり遂げる。
  (3)　正しいと判断したことは，勇気をもって行う。

(4) 過ちは素直に改め，正直に明るい心で元気よく生活する。
　(5) 自分の特徴に気付き，よい所を伸ばす。
2．主として他の人とのかかわりに関すること。
　(1) 礼儀の大切さを知り，だれに対しても真心をもって接する。
　(2) 相手のことを思いやり，進んで親切にする。
　(3) 友達と互いに理解し，信頼し，助け合う。
　(4) 生活を支えている人々や高齢者に，尊敬と感謝の気持ちをもって接する。
3．主として自然や崇高なものとのかかわりに関すること。
　(1) 生命の尊さを感じ取り，生命あるものを大切にする。
　(2) 自然のすばらしさや不思議さに感動し，自然や動植物を大切にする。
　(3) 美しいものや気高いものに感動する心をもつ。
4．主として集団や社会とのかかわりに関すること。
　(1) 約束や社会のきまりを守り，公徳心をもつ。
　(2) 働くことの大切さを知り，進んでみんなのために働く。
　(3) 父母，祖父母を敬愛し，家族みんなで協力し合って楽しい家庭をつくる。
　(4) 先生や学校の人々を敬愛し，みんなで協力し合って楽しい学級をつくる。
　(5) 郷土の伝統と文化を大切にし，郷土を愛する心をもつ。
　(6) 我が国の伝統と文化に親しみ，国を愛する心をもつとともに，外国の人々や文化に関心をもつ。

〔第5学年及び第6学年〕
1．主として自分自身に関すること。
　(1) 生活習慣の大切さを知り，自分の生活を見直し，節度を守り節制に心掛ける。
　(2) より高い目標を立て，希望と勇気をもってくじけないで努力する。
　(3) 自由を大切にし，自律的で責任のある行動をする。
　(4) 誠実に，明るい心で楽しく生活する。
　(5) 真理を大切にし，進んで新しいものを求め，工夫して生活をよりよくする。
　(6) 自分の特徴を知って，悪い所を改めよい所を積極的に伸ばす。
　2．主として他の人とのかかわりに関すること。
　(1) 時と場をわきまえて，礼儀正しく真心をもって接する。
　(2) だれに対しても思いやりの心をもち，相手の立場に立って親切にする。

(3) 互いに信頼し，学び合って友情を深め，男女仲よく協力し助け合う。
　(4) 謙虚な心をもち，広い心で自分と異なる意見や立場を大切にする。
　(5) 日々の生活が人々の支え合いや助け合いで成り立っていることに感謝し，それにこたえる。
3．主として自然や崇高なものとのかかわりに関すること。
　(1) 生命がかけがえのないものであることを知り，自他の生命を尊重する。
　(2) 自然の偉大さを知り，自然環境を大切にする。
　(3) 美しいものに感動する心や人間の力を超えたものに対する畏敬の念をもつ。
4．主として集団や社会とのかかわりに関すること。
　(1) 公徳心をもって法やきまりを守り，自他の権利を大切にし進んで義務を果たす。
　(2) だれに対しても差別をすることや偏見をもつことなく公正，公平にし，正義の実現に努める。
　(3) 身近な集団に進んで参加し，自分の役割を自覚し，協力して主体的に責任を果たす。
　(4) 働くことの意義を理解し，社会に奉仕する喜びを知って公共のために役に立つことをする。
　(5) 父母，祖父母を敬愛し，家族の幸せを求めて，進んで役に立つことをする。
　(6) 先生や学校の人々への敬愛を深め，みんなで協力し合いよりよい校風をつくる。
　(7) 郷土や我が国の伝統と文化を大切にし，先人の努力を知り，郷土や国を愛する心をもつ。
　(8) 外国の人々や文化を大切にする心をもち，日本人としての自覚をもって世界の人々と親善に努める。
第3　指導計画の作成と内容の取扱い
1．各学校においては，校長の方針の下に，道徳教育の推進を主に担当する教師（以下「道徳教育推進教師」という。）を中心に，全教師が協力して道徳教育を展開するため，次に示すところにより，道徳教育の全体計画と道徳の時間の年間指導計画を作成するものとする。
　(1) 道徳教育の全体計画の作成に当たっては，学校における全教育活動との

関連の下に，児童，学校及び地域の実態を考慮して，学校の道徳教育の重点目標を設定するとともに，第2に示す道徳の内容との関連を踏まえた各教科，外国語活動，総合的な学習の時間及び特別活動における指導の内容及び時期並びに家庭や地域社会との連携の方法を示す必要があること。
(2) 道徳の時間の年間指導計画の作成に当たっては，道徳教育の全体計画に基づき，各教科，外国語活動，総合的な学習の時間及び特別活動との関連を考慮しながら，計画的，発展的に授業がなされるよう工夫すること。その際，第2に示す各学年段階ごとの内容項目について，児童や学校の実態に応じ，2学年間を見通した重点的な指導や内容項目間の関連を密にした指導を行うよう工夫すること。ただし，第2に示す各学年段階ごとの内容項目は相当する各学年においてすべて取り上げること。なお，特に必要な場合には，他の学年段階の内容項目を加えることができること。
(3) 各学校においては，各学年を通じて自立心や自律性，自他の生命を尊重する心を育てることに配慮するとともに，児童の発達の段階や特性等を踏まえ，指導内容の重点化を図ること。特に低学年ではあいさつなどの基本的な生活習慣，社会生活上のきまりを身に付け，善悪を判断し，人間としてしてはならないことをしないこと，中学年では集団や社会のきまりを守り，身近な人々と協力し助け合う態度を身に付けること，高学年では法やきまりの意義を理解すること，相手の立場を理解し，支え合う態度を身に付けること，集団における役割と責任を果たすこと，国家・社会の一員としての自覚をもつことなどに配慮し，児童や学校の実態に応じた指導を行うよう工夫すること。また，高学年においては，悩みや葛藤（かっとう）等の心の揺れ，人間関係の理解等の課題を積極的に取り上げ，自己の生き方についての考えを一層深められるよう指導を工夫すること。
2．第2に示す道徳の内容は，児童が自ら道徳性をはぐくむためのものであり，道徳の時間はもとより，各教科，外国語活動，総合的な学習の時間及び特別活動においてもそれぞれの特質に応じた適切な指導を行うものとする。その際，児童自らが成長を実感でき，これからの課題や目標が見付けられるよう工夫する必要がある。
3．道徳の時間における指導に当たっては，次の事項に配慮するものとする。
(1) 校長や教頭などの参加，他の教師との協力的な指導などについて工夫し，道徳教育推進教師を中心とした指導体制を充実すること。

(2) 集団宿泊活動やボランティア活動，自然体験活動などの体験活動を生かすなど，児童の発達の段階や特性等を考慮した創意工夫ある指導を行うこと。
 (3) 先人の伝記，自然，伝統と文化，スポーツなどを題材とし，児童が感動を覚えるような魅力的な教材の開発や活用を通して，児童の発達の段階や特性等を考慮した創意工夫ある指導を行うこと。
 (4) 自分の考えを基に，書いたり話し合ったりするなどの表現する機会を充実し，自分とは異なる考えに接する中で，自分の考えを深め，自らの成長を実感できるよう工夫すること。
 (5) 児童の発達の段階や特性等を考慮し，第2に示す道徳の内容との関連を踏まえ，情報モラルに関する指導に留意すること。
4．道徳教育を進めるに当たっては，学校や学級内の人間関係や環境を整えるとともに，学校の道徳教育の指導内容が児童の日常生活に生かされるようにする必要がある。また，道徳の時間の授業を公開したり，授業の実施や地域教材の開発や活用などに，保護者や地域の人々の積極的な参加や協力を得たりするなど，家庭や地域社会との共通理解を深め，相互の連携を図るよう配慮する必要がある。
5．児童の道徳性については，常にその実態を把握して指導に生かすよう努める必要がある。ただし，道徳の時間に関して数値などによる評価は行わないものとする。

巻末資料(11)　中学校学習指導要領（平成20年3月告示）抜粋

第1章　総　則
　第1　教育課程編成の一般方針
　　2．学校における道徳教育は，道徳の時間を要として学校の教育活動全体を通じて行うものであり，道徳の時間はもとより，各教科，総合的な学習の時間及び特別活動のそれぞれの特質に応じて，生徒の発達の段階を考慮して，適切な指導を行わなければならない。
　　　　道徳教育は，教育基本法及び学校教育法に定められた教育の根本精神に基づき，人間尊重の精神と生命に対する畏敬の念を家庭，学校，その他社会における具体的な生活の中に生かし，豊かな心をもち，伝統と文化を尊重し，それらをはぐくんできた我が国と郷土を愛し，個性豊かな文化の創造を図るとともに，公共の精神を尊び，民主的な社会及び国家の発展に努め，他国を尊重し，国際社会の平和と発展や環境の保全に貢献し未来を拓く主体性のある日本人を育成するため，その基盤としての道徳性を養うことを目標とする。
　　　　道徳教育を進めるに当たっては，教師と生徒及び生徒相互の人間関係を深めるとともに，生徒が道徳的価値に基づいた人間としての生き方についての自覚を深め，家庭や地域社会との連携を図りながら，職場体験活動やボランティア活動，自然体験活動などの豊かな体験を通して生徒の内面に根ざした道徳性の育成が図られるよう配慮しなければならない。その際，特に生徒が自他の生命を尊重し，規律ある生活ができ，自分の将来を考え，法やきまりの意義の理解を深め，主体的に社会の形成に参画し，国際社会に生きる日本人としての自覚を身に付けるようにすることなどに配慮しなければならない。
第3章　道　徳
　第1　目　標
　　　　道徳教育の目標は，第1章総則の第1の2に示すところにより，学校の教育活動全体を通じて，道徳的な心情，判断力，実践意欲と態度などの道徳性を養うこととする。
　　　　道徳の時間においては，以上の道徳教育の目標に基づき，各教科，総合的な学習の時間及び特別活動における道徳教育と密接な関連を図りながら，計画的，発展的な指導によってこれを補充，深化，統合し，道徳的価値及びそれに基づいた人間としての生き方についての自覚を深め，道徳的実践力を育成するもの

とする。
第2　内　容
　道徳の時間を要として学校の教育活動全体を通じて行う道徳教育の内容は，次のとおりとする。
1　主として自分自身に関すること。
　(1)　望ましい生活習慣を身に付け，心身の健康の増進を図り，節度を守り節制に心掛け調和のある生活をする。
　(2)　より高い目標を目指し，希望と勇気をもって着実にやり抜く強い意志をもつ。
　(3)　自律の精神を重んじ，自主的に考え，誠実に実行してその結果に責任をもつ。
　(4)　真理を愛し，真実を求め，理想の実現を目指して自己の人生を切り拓いていく。
　(5)　自己を見つめ，自己の向上を図るとともに，個性を伸ばして充実した生き方を追求する。
2　主として他の人とのかかわりに関すること。
　(1)　礼儀の意義を理解し，時と場に応じた適切な言動をとる。
　(2)　温かい人間愛の精神を深め，他の人々に対し思いやりの心をもつ。
　(3)　友情の尊さを理解して心から信頼できる友達をもち，互いに励まし合い，高め合う。
　(4)　男女は，互いに異性についての正しい理解を深め，相手の人格を尊重する。
　(5)　それぞれの個性や立場を尊重し，いろいろなものの見方や考え方があることを理解して，寛容の心をもち謙虚に他に学ぶ。
　(6)　多くの人々の善意や支えにより，日々の生活や現在の自分があることに感謝し，それにこたえる。
3　主として自然や崇高なものとのかかわりに関すること。
　(1)　生命の尊さを理解し，かけがえのない自他の生命を尊重する。
　(2)　自然を愛護し，美しいものに感動する豊かな心をもち，人間の力を超えたものに対する畏敬の念を深める。
　(3)　人間には弱さや醜さを克服する強さや気高さがあることを信じて，人間として生きることに喜びを見いだすように努める。

4 主として集団や社会とのかかわりに関すること。
 (1) 法やきまりの意義を理解し,遵守するとともに,自他の権利を重んじ義務を確実に果たして,社会の秩序と規律を高めるように努める。
 (2) 公徳心及び社会連帯の自覚を高め,よりよい社会の実現に努める。
 (3) 正義を重んじ,だれに対しても公正,公平にし,差別や偏見のない社会の実現に努める。
 (4) 自己が属する様々な集団の意義についての理解を深め,役割と責任を自覚し集団生活の向上に努める。
 (5) 勤労の尊さや意義を理解し,奉仕の精神をもって,公共の福祉と社会の発展に努める。
 (6) 父母,祖父母に敬愛の念を深め,家族の一員としての自覚をもって充実した家庭生活を築く。
 (7) 学級や学校の一員としての自覚をもち,教師や学校の人々に敬愛の念を深め,協力してよりよい校風を樹立する。
 (8) 地域社会の一員としての自覚をもって郷土を愛し,社会に尽くした先人や高齢者に尊敬と感謝の念を深め,郷土の発展に努める。
 (9) 日本人としての自覚をもって国を愛し,国家の発展に努めるとともに,優れた伝統の継承と新しい文化の創造に貢献する。
 (10) 世界の中の日本人としての自覚をもち,国際的視野に立って,世界の平和と人類の幸福に貢献する。
第3 指導計画の作成と内容の取扱い
1 各学校においては,校長の方針の下に,道徳教育の推進を主に担当する教師(以下「道徳教育推進教師」という。)を中心に,全教師が協力して道徳教育を展開するため,次に示すところにより,道徳教育の全体計画と道徳の時間の年間指導計画を作成するものとする。
 (1) 道徳教育の全体計画の作成に当たっては,学校における全教育活動との関連の下に,生徒,学校及び地域の実態を考慮して,学校の道徳教育の重点目標を設定するとともに,第2に示す道徳の内容との関連を踏まえた各教科,総合的な学習の時間及び特別活動における指導の内容及び時期並びに家庭や地域社会との連携の方法を示す必要があること。
 (2) 道徳の時間の年間指導計画の作成に当たっては,道徳教育の全体計画に基づき,各教科,総合的な学習の時間及び特別活動との関連を考慮しなが

ら，計画的，発展的に授業がなされるよう工夫すること。その際，第2に示す各内容項目の指導の充実を図る中で，生徒や学校の実態に応じ，3学年間を見通した重点的な指導や内容項目間の関連を密にした指導を行うよう工夫すること。ただし，第2に示す内容項目はいずれの学年においてもすべて取り上げること。
(3) 各学校においては，生徒の発達の段階や特性等を踏まえ，指導内容の重点化を図ること。特に，自他の生命を尊重し，規律ある生活ができ，自分の将来を考え，法やきまりの意義の理解を深め，主体的に社会の形成に参画し，国際社会に生きる日本人としての自覚を身に付けるようにすることなどに配慮し，生徒や学校の実態に応じた指導を行うよう工夫すること。また，悩みや葛藤(かっとう)等の思春期の心の揺れ，人間関係の理解等の課題を積極的に取り上げ，道徳的価値に基づいた人間としての生き方について考えを深められるよう配慮すること。
2 第2に示す道徳の内容は，生徒が自ら道徳性をはぐくむためのものであり，道徳の時間はもとより，各教科，総合的な学習の時間及び特別活動においてもそれぞれの特質に応じた適切な指導を行うものとする。その際，生徒自らが成長を実感でき，これからの課題や目標が見付けられるよう工夫する必要がある。
3 道徳の時間における指導に当たっては，次の事項に配慮するものとする。
(1) 学級担任の教師が行うことを原則とするが，校長や教頭などの参加，他の教師との協力的な指導などについて工夫し，道徳教育推進教師を中心とした指導体制を充実すること。
(2) 職場体験活動やボランティア活動，自然体験活動などの体験活動を生かすなど，生徒の発達の段階や特性等を考慮した創意工夫ある指導を行うこと。
(3) 先人の伝記，自然，伝統と文化，スポーツなどを題材とし，生徒が感動を覚えるような魅力的な教材の開発や活用を通して，生徒の発達の段階や特性等を考慮した創意工夫ある指導を行うこと。
(4) 自分の考えを基に，書いたり討論したりするなどの表現する機会を充実し，自分とは異なる考えに接する中で，自分の考えを深め，自らの成長を実感できるよう工夫すること。
(5) 生徒の発達の段階や特性等を考慮し，第2に示す道徳の内容との関連を

踏まえて，情報モラルに関する指導に留意すること。
4　道徳教育を進めるに当たっては，学校や学級内の人間関係や環境を整えるとともに，学校の道徳教育の指導内容が生徒の日常生活に生かされるようにする必要がある。また，道徳の時間の授業を公開したり，授業の実施や地域教材の開発や活用などに，保護者や地域の人々の積極的な参加や協力を得たりするなど，家庭や地域社会との共通理解を深め，相互の連携を図るよう配慮する必要がある。
5　生徒の道徳性については，常にその実態を把握して指導に生かすよう努める必要がある。ただし，道徳の時間に関して数値などによる評価は行わないものとする。

巻末資料(12)　高等学校学習指導要領（平成21年3月告示）抜粋

第1章　総　則
　第1款　教育課程編成の一般方針
　　2　学校における道徳教育は，生徒が自己探求と自己実現に努め国家・社会の一員としての自覚に基づき行為しうる発達の段階にあることを考慮し人間としての在り方生き方に関する教育を学校の教育活動全体を通じて行うことにより，その充実を図るものとし，各教科に属する科目，総合的な学習の時間及び特別活動のそれぞれの特質に応じて，適切な指導を行わなければならない。

　　　道徳教育は，教育基本法及び学校教育法に定められた教育の根本精神に基づき，人間尊重の精神と生命に対する畏敬の念を家庭，学校，その他社会における具体的な生活の中に生かし，豊かな心をもち，伝統と文化を尊重し，それらをはぐくんできた我が国と郷土を愛し，個性豊かな文化の創造を図るとともに，公共の精神を尊び，民主的な社会及び国家の発展に努め，他国を尊重し，国際社会の平和と発展や環境の保全に貢献し未来を拓く主体性のある日本人を育成するため，その基盤としての道徳性を養うことを目標とする。

　　　道徳教育を進めるに当たっては，特に，道徳的実践力を高めるとともに，自他の生命を尊重する精神，自律の精神及び社会連帯の精神並びに義務を果たし責任を重んずる態度及び人権を尊重し差別のないよりよい社会を実現しようとする態度を養うための指導が適切に行われるよう配慮しなければならない。

索 引

あ 行

天野貞祐　29
生きる力　3,36
いじめ　5,6
伊藤博文　17-19
ウィルソン, J.　63
NIE　92,93,126
エリクソン, E. H.　6,109
エンカウンター・グループ　4

か 行

カーシェンバウム, H.　58
ガイダンス　28
学事奨励に関する被仰出書　15,16
学制　14-18
価値の明確化　4,37,48,57,58,61,
　74-76,78,79,84,86
勝部真長　iii,85,86,89,91,108,109
カント, I.　53,134,135
惟神の道　11,14,114,115,120,125,
　130,132
教育勅語　19-21,23
教育令　17,18
教学聖旨　17,18
ギリガン, C.　64
キルパトリック, W.　48,61
公民教師用書　26
五箇条の御誓文　13,119
心の教育　ii,3,36,37,79,107,109,
　111,113
心のノート　iii,4,37,74,79-87,100,
　107,112
コールバーグ, L.　4,59,60,64,76-78

さ 行

サイモン, S. B.　58
自己実現　i,5-7,75,76,109,129,130
シティズンシップ教育　43,46,98,
　117
市民科　98,99,117
ジャスト・コミュニティ・アプローチ
　61,77
シュヴァイツァー, A.　i
宗教教育　41,42,44-47
修身科　16,26,74,103,104,112,113,
　126
什の掟　9
シュタイナー, R.　65,116
シュプランガー, E.　65
ジレンマ・ディスカッション　61,74,
　76,78
人格教育　48,50,61
人権教育　94-98,117
心理主義　ii-iv,4,5,78-80,83,85-87,
　89-93,99,107-111,115,129,133
スキル・トレーニング　4
生活修身　24
生活綴方運動　24
ソクラテス　63

177

た行

デューイ, J.　56, 57, 59, 78
デュルケム, E.　52, 53, 55
道徳科　33, 112, 113, 116, 124
道徳教育推進教師　68

な行

ニート　6
日本科　117, 119, 124, 126
ノディングス, N.　64

は行

八大教育主張　22
ハーミン, M.　58, 75
ピアジェ　54, 56, 59
ピータース, R. S.　63
福澤諭吉　16, 19, 113
福田弘　96
不登校　5
ブーバー, M.　6
プラトン　63
フランクル, V. E.　6
フロイト, S.　6, 53, 54, 55, 109
ベルクソン, H.　117, 136
法教育　117

ま行

マズロー, A. S.　6, 109
本居宣長　12, 115, 119
元田永孚　17
モラルジレンマ授業　76-79, 86
森有礼　19

や行

大和魂　12, 114, 115, 120, 130, 132
ゆとり教育　35, 79
ユング, C. G.　53

ら行

ライフライン計画　42, 43, 103
ラス, L. K.　57-59, 61
リコーナ, T.　61, 62
ロジャース, C. R.　48, 57

わ行

ワロン, H.　55

[著者紹介]

吉田　武男（よしだ　たけお）

1954年奈良県生まれ。筑波大学大学院博士課程教育学研究科単位取得退学。関西外国語大学助教授、高知大学教育学部助教授、筑波大学教育学系助教授、筑波大学大学院人間総合科学研究科准教授、筑波大学大学院人間総合科学研究科教授を経て、現在、筑波大学人間系教授・教育学類長。博士（教育学）。

[著書]

『教職教養のための同和教育の基礎』（協同出版、1997年）

『シュタイナー教育を学びたい人のために―シュタイナー教育研究入門―』（協同出版、1997年）

『シュタイナーの教育名言100選』（学事出版、2001年）

『シュタイナーの人間形成―道徳教育の転換を求めて―』（学文社、2008年）

[共著]

『カウンセラーは学校を救えるか―「心理主義化する学校」の病理と変革―』（昭和堂、2003年）

『教師をダメにするカウンセリング依存症―学級の子どもを一番よく知っているのは担任だ！―』（明治図書、2007年）

『学校教育と道徳教育の創造』（学文社、2010年）

『二一世紀は日本人の出番―震災後の日本を支える君たちへ―』（学文社、2011年）

「心の教育」からの脱却と道徳教育
　「心」から「絆」へ、そして「魂」へ

2013年4月20日　第一版第一刷発行

編著者　吉　田　武　男
発行所　株式会社　学　文　社
発行者　田　中　千津子

〒153-0064　東京都目黒区下目黒3-6-1
電話(03)3715-1501(代表)　振替 00130-9-98842
http://www.gakubunsha.com

落丁、乱丁本は、本社にてお取り替え致します。
定価は、売上カード、カバーに表示してあります。

印刷／東光整版印刷㈱
＜検印省略＞

ISBN 978-4-7620-2375-0
© 2013 YOSHIDA Takeo　Printed in Japan

道徳教育の変成と課題
―「心」から「つながり」へ
吉田武男，田中マリア，細戸一佳 著

1,800 円（本体価格）
ISBN978-4-7620-2085-8
A5判　182頁

過去および現在の道徳教育の理論と実践に対して健全な批判・反省の上に、未来に向けた健全な道徳教育を再構築するという高い理想を描き、基礎的・基本的な内容から斬新な提案までをわかりやすく解説。

道徳教育の理論と指導法
田中マリア 著

1,500 円（本体価格）
ISBN978-4-7620-2371-2
A5判　120頁

公立学校の教師を目指す者にとって必要な知識と課題を中心に、「道徳教育の現状」「道徳教育の歴史的変遷」「道徳教育の実践に向けて」の3章構成によって「道徳教育の指導法」について解説する。

二一世紀は日本人の出番
―震災後の日本を支える君たちへ
村上和雄，吉田武男，一二三朋子 著

1,300 円（本体価格）
ISBN978-4-7620-2223-4
A5判　146頁

既存の科学・学問の枠組みに規制されない複眼的視点による課題へのアプローチをめざす「日本人の精神性研究会」が、東日本大震災後の日本へ教育学、応用言語学、分子生物学の知見から贈るエール。